Christoph Wagner • Peter Frese

Garküchen

Für die Unterstützung bei der
Rezepterstellung dankt der Autor
Herrn Chao Ngok Nem vom
Restaurant Tsing Tao in Wien.

Fotos: Peter Frese
Lizenzausgabe für Komet Verlag GmbH, Köln
Gesamtherstellung: Komet Verlag GmbH, Köln
Besuchen Sie uns im Internet: www.komet-verlag.de

ISBN 3-89836-271-X

Christoph Wagner
Peter Frese

Garküchen

*Vom Essen auf
den Straßen
und Märkten
zwischen Peking
und Hongkong*

Inhalt

Die Küche der herzlichen Empfindung

Von Garküche zu Garküche

Rezepte und kulinarische Anmerkungen

Die Küche
der herzlichen
Empfindung

Poor Man´s Night Club

Wenn es Nacht wird unter dem Mountain Peak, dann ist in vielen Straßen Hongkongs Kulissenwechsel. Da beginnt in den
Wolkenkratzerschluchten der Hafenstadt ein ebenso selt-
sames wie unaufhaltsames Geschiebe und Gepuffe. In Win-
deseile werden Tische aufgestellt, Plachen vertäut, prall gefüllte Körbe mit Meeresfrüchten auf lange hölzerne Tische
umgeleert, gußeiserne Kessel und riesige Pfannen befeuert,
Teige zu zwei Meter langen Bandnudelsträngen ausgerollt,
Spießchen auf den Rost gelegt, Wachteln gebraten, Papayas
und Khakis ausgepreßt und Reisweinfässer angeschlagen.

Fraglos ist Hongkong die vielleicht glitzerndste »Einstiegs-
droge« in die Welt der Garküchen von Fernost. Auch wenn sich
die Wolkenkratzer selbst ebensowenig verschieben lassen wie
die Einkaufszentren, Boutiquen und Shopping-Meilen, so ver-
ändern dennoch ganze Straßenzüge in Minutenschnelle ihr
Antlitz. Was gerade noch High-Tech war, erinnert plötzlich an
Marco Polos berühmte Beschreibungen mittelalterlicher chinesischer Märkte. Und während die letzten Sonnenstrahlen in
den Plexiglasfassaden der Banken- und Hotelkomplexe ver-

7

glimmen, legen sich die Schatten einer gloriosen Vergangenheit unübersehbar über die Nachtmärkte in der Temple Street oder im »Poor Man's Night Club« – jenem Abend für Abend auf einem Parkplatzgeviert neben der Anlegestelle der Fähre nach Macao neu entstehenden Schlaraffenland unter freiem Himmel, in dem es neben Meeresfrüchten, Zuckerrohr und Kokosnüssen auch spottbillige Jeans-Klamotten und jede Menge Plunder und Talmi zu erstehen gibt.

Zwischen Trödelläden und handbefeuerten Woks, Suppenschüsseln und Bambusaufsätzen sitzt man da, meist auf recht filigranem Gestühl, vor dem nächsten Monsunregen durch eine über ein paar Bambusstangen geworfene Zeltplane geschützt, und gustiert zwischen Nudelsuppe und Wachteleierspieß, gedämpften Hefeteigklößchen, Shrimpsbällchen, Reis mit Schweinefleisch im Lotusblatt, frischen Seeschnecken und Abalone.

An Kunden und Gästen, die all diese Köstlichkeiten zu schätzen wissen, fehlt es nicht. Schichtarbeiter, übriggebliebene Touristen, Strotter und Transvestiten beleben diese klassische chinesische Institution im romantischen Flackerlicht der Propangas- und Petroleumlampen und stärken sich mit heißen Schweinerippchen, Nudelsuppe und einem Getränk, das sie Wein nennen, das aber in Wahrheit ein Hirseschnaps ist, der in großen Ballons verkauft wird.

Zur eigenartigen Magie dieser Garküchen gehört es schließlich, daß sie, fast wie Fata Morganen, in Sekundenschnelle erscheinen und wieder verschwinden können.

Der Hungrige findet alles Essen gut, der Durstige jedes Getränk.

So kann sich mancher unangemeldete Nebenstraßenmarkt in Hongkong in Minutenschnelle in nichts – oder allenfalls in ein paar herumlungernde Passanten – auflösen, wenn der Folgeton das Herannahen der Polizei ankündigt oder das bloße Gerücht umgeht, die Gesundheitspolizei plane gerade wieder eine ihrer gefürchteten Hygiene-Razzien.

Auch diese haben ihren tiefen Sinn. Denn die auf der Straße genossenen Happen machen einen erklecklichen Anteil der Gesamternährung Hongkongs aus. Unter Essen versteht man nämlich – im Gegensatz zum zelebrierten, aber wesentlich seltener stattfindenden Festmahl – nicht nur in Hongkong, sondern im ganzen Fernen Osten vor allem die kleine Zwischenmahlzeit, oder wie wir Westler sagen würden: den Snack.

Gemüsemarkt in Hongkong

Gemüsestand in Hangzhou

Wenn man eine große Menge ißt, wenn man eine kleine Menge ißt,

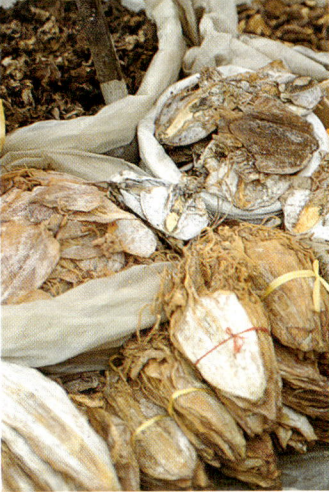

Getrocknete Tintenfische

Getrocknete, geräucherte Enten

ist der Wohlgeschmack klein;
ist der Wohlgeschmack groß.

Die Chinesen haben dafür freilich ein wesentlich schöneres Wort. Es lautet *Dim Sum*, stammt aus dem Kantonesischen und kann mit »kleine Herzen« oder »Herzensfreude« ebenso übersetzt werden wie mit »berühr dein Herz!«. Die exakte Übersetzung laute jedoch, so erklärte mir einmal ein chinesischer Koch aus Guangdong, der Hauptstadt von Kanton, »ein bißchen herzliche Empfindung« – was insofern die beste Übersetzung zu sein scheint, als es die Herzlichkeit ebenso einschließt wie die Kleinheit der Portion.

An die Entstehung der Dim Sum knüpft sich, wie an fast alles in China, auch eine romantische Legende, die von einem Koch am Hofe der alten kantonesischen Kaiserstadt Xian handelt, der eines Tages darüber nachdachte, was er seinem Herrscher denn noch an Neuem vorsetzen könne. Der Kaiser hatte nämlich bereits alles an Köstlichkeiten probiert, was Erde, Flüsse, Luft und Meer hervorbrachten. Das einzige, was er noch nicht kannte – dachte der Koch –, war die Küche der kleinen Leute.

Zubereitung der Dim-Sums

Fritierter Tofu

Reis im Bambusblatt gegart

Also servierte der Koch dem Kaiser eine Reihe all jener Gerichte, die ansonsten nur das Gesinde, die Bauern und die Arbeiter aßen. Er bereitete sie jedoch mit ganz besonderer Sorgfalt zu. Der Kaiser zeigte sich von diesem Mahl höchst überrascht und angetan. Er ließ den Koch rufen und fragte ihn, was er ihm denn da kredenzt habe. »Eure Hoheit«, antwortete der Koch, »lediglich ein wenig von jener herzlichen Empfindung, die die Bevölkerung von Guangdong ihrem Kaiser entgegenbringt. Einen Namen dafür müssen Sie selbst finden.«

Der Kaiser dachte nicht lange nach und verfügte, daß die neuen Spezialitäten in aller Zukunft »herzliche Empfindung aus Kanton« heißen sollten – womit die klassischen kantonesischen Dim Sum geboren waren.

Mittlerweile versteht man darunter nicht nur in China, sondern auch in den USA und Europa, wo es immer mehr Dim-Sum-Lokale gibt, all jene kleinen Mundbissen, die in riesigen Speisehallen auf kleinen Wägelchen in hoch aufgetürmten Bambuskörben von Tisch zu Tisch geführt werden, die man aber auch in jeder kleinen Garküche am Straßenrand erhält. Für gewöhnlich handelt es sich dabei um gedämpfte oder fritierte Röllchen, Päckchen, Täschchen und Klößchen aus hauchdünnem Klebreis-, Germ- oder Weizenmehlteig, die mit Krabben- und/oder Schweinefleisch, Nüssen und Bärlauch, Hummer oder Taschenkrebsen gefüllt sind und entweder im Dämpfkörbchen, in dem sie zubereitet wurden, oder aber auch in einer Reisschüssel, ja mitunter sogar in einer Papiertüte serviert werden.

Der Variationsreichtum dieser »Küche der kleinen Herzen« ist schier unerschöpflich. Große kantonesische Dim-Sum-Häuser rühmen sich nicht selten, bis zu zweitausend Dim-Sum-Gerichte im Repertoire zu haben. Doch auch diese Zahl reicht längst nicht aus, wollte man einen Katalog all dessen erstellen, was da zwischen Sichuan, Peking, Hongkong, Shanghai, Singapur und Kuala Lumpur – um nur die wichtigsten Eckpfeiler der fernöstlichen Snack-Kultur zu nennen – alles in den *Dai pai dong* oder Food-Stalls genannten Garküchen am Straßen- und Wegesrand an kulinarischen Herzensfreuden angeboten wird.

Klebreisbällchen mit Sesam und pikanter Füllung

Sind Garküchen eine asiatische Erfindung?

Auch wenn die Chinesen jenes Volk sein mögen, das die »kleine Zwischenmahlzeit« wie kein anderes kultiviert hat, so ist der Snack ebensowenig eine chinesische Erfindung wie die Garküche. Sie entstand vielmehr zu unterschiedlichen Zeitpunkten in fast allen Teilen der Welt. Und sie fand überall dort einen fruchtbaren Humus vor, wo sich urbane und ländliche Lebensbereiche kreuzten: auf Handelsstraßen und vor Stadtmauern, auf Marktplätzen und an Hafenmolen.

Was in Asien zum »Food-Stall« werden sollte, gab es selbstverständlich auch in der Alten Welt: unter den Rängen des antiken Circus Maximus in Rom ebenso wie in den Basaren von Konstantinopel, Kairo und Alexandria.

Garköche und -köchinnen trafen die spanischen Eroberer auch an den Natursteingrills der indianischen Urbevölkerung an. Und es ist sicherlich nicht zwanghafte Originalität, wenn man die Würstchenbuden bzw. Würstelstände zwischen Berlin, Frankfurt und Wien ihrer Entstehung und Funktion nach ebenfalls als Garküchen im klassischen Sinn des Wortes bezeichnet. Dasselbe gilt auch für die mobilen Crêperien der Bretagne und Normandie, die fliegenden amerikanischen Hot-Dog-Verkäufer im Baseball-Stadion und die Waffelbrater auf den Messen und Jahrmärkten.

Die Garküche deckt als ein Archetypus der Nahrungssuche schlicht und einfach das menschliche Bedürfnis nach Stillung plötzlichen Hungers durch schnelle Sättigung ab. Vor allem jedoch war und ist die Garküche die Ernährerin all jener Bevölkerungsschichten, die auf der Straße ihr zweites (und oft auch einziges) Zuhause haben.

Was die Unverwechselbarkeit asiatischer und ganz besonders chinesischer Garküchen ausmacht, ist, daß sie sich – im Gegensatz zu den Würstchen- und Bulettenbrutzlern, aber auch den Taco- und Tortilla-Verkäufern der Vereinnahmung und Industrialisierung durch internationale Fast-food-Konzerne bis heute erfolgreich widersetzt haben.

Markt in Xian

Die asiatischen Garküchen unterscheidet von ihren europäischen Pendants, den sogenannten Imbißbuden, jedoch nicht nur der völlige Verzicht auf »Mother´s Little Helpers« und moderne Fertigungstechnologien, sondern vor allem auch die Tatsache, daß man selbst für den allerkleinsten Happen die Mühe der oft kompliziertesten Zubereitung nicht scheut. Während bei Würstchen- und Frittenbuden im Westen das Prinzip der maximalen Vereinfachung aller Kochtechniken bis hin zur Industrialisierung gilt, wird in den fernöstlichen Garküchen nicht selten auf eine Art und Weise aufgekocht, die selbst manchem europäischen Gourmetrestaurant zu aufwendig wäre.

Kaum jemand im Orient würde die im Westen längst selbstverständlich gewordene Tollkühnheit besitzen, seinem Gast nur lieblos Heruntergegrilltes oder einfach aus der Fritte Gefischtes mit Ketchup, Senf oder Mayo aufzuwarten. Da der chinesische Wok, wie wir noch sehen werden, eine besonders vielseitig verwendbare Gerätschaft ist, macht er vieles auch unter freiem Himmel möglich, was andere nur in elaborierten High-Tech-Küchen herstellen könnten. Und so wird, während die Rikschas vorbeiklappern und die Tuk-Tuks wilde Hupkonzerte anstimmen, am Straßenrand gedämpft und sautiert, daß es nur so eine Freude ist. Da werden Saucen auf der Basis ausgetüftel-

Freilufteehaus in Hangzhou

Enthäuten von Schlangen

ter Gewürzmischungen komponiert, kunstvoll zerkleinerte frische Gemüse bißfest geröstet, Nudeltaschen auf den Punkt gekocht, Schlangen enthäutet und zu nahrhaften Wintersuppen verarbeitet, Meeresfrüchte pochiert, gegrillte Satay-Spieße in duftenden Dipsaucen aus Chili und Kokosmilch kredenzt, geräucherte Enten in Buchweizenpfannkuchen eingeschlagen, gefüllte Krebsscheren fritiert und in Klebreishüllen gerollte Meeresfrüchte in wagenradgroßen Bambusaufsätzen über heißem Dampf gegart.

Kurzum: Die Garküche ist auch und gerade im kommunistisch verwalteten China ein Hort privaten Kleinstunternehmertums geblieben, das zu Maos Zeiten zwar nahezu zum Verschwinden gebracht wurde, aber sofort wieder auflebte, als die chinesische Volkswirtschaft in den achtziger und neunziger Jahren wieder Liberalisierungstendenzen zeigte.

Eine wirkliche Unterbrechung erfuhr das florierende Geschäft der Straßenküchen tatsächlich nur ein einziges Mal in seiner über tausendjährigen Geschichte – nämlich nach der Errichtung der Volksrepublik China im Jahr 1949. Plötzlich galt jede noch so geringfügige Art von unternehmerischer Tätigkeit als bourgeois und reaktionär. Der ohne soziale Einbindung vor sich hinköchelnde individualistische Eigenbrötler, der sich seine paar Yuan außerhalb jeglicher bürokratischen Kontrolle verdiente, paßte plötzlich nicht mehr ins Bild des von der Kulturrevolution überschatteten Arbeiter- und Bauernstaates.

Tatsächlich schaffte es das Mao-Regime binnen kürzester Zeit, China gastronomisch leerzufegen. Nicht nur die Straßen-

Geräucherte Enten und
flachgepreßter, getrockneter
Schweinekopf, Spezialitäten
in der Gegend von Chengdu

Bambusdampfkörbe für Dim-Sums und andere
Teigwaren auf Holzkohlefeuer

küchen, auch immer mehr Restaurants verschwanden in einer
Zeit, in der jedes Essen, das mehr als nur der schieren Nah-
rungsaufnahme diente, als kleinbürgerliche und daher sozial-
schädliche Verfehlung betrachtet wurde.

Erst in den späten achtziger und neunziger Jahren füllten sich
die Plätze und Landstraßen allmählich wieder mit kulinari-
schem Leben. Die zwangsverordnete Pause, so meinen viele
Chinesen, habe so manche Kochtechnik und so manches Gericht zum Aussterben verurteilt. Andererseits reichten rund
vier Jahrzehnte kulinarischer Absenz dann erfreulicherweise
doch nicht, um ein vielhundertjähriges Zeitalter elaborierte-
ster Kochkunst folgenlos trockenzulegen. Manager, die berufs-
mäßig seit Jahren nach China reisen, wissen jedenfalls uni-
sono zu berichten, daß die fernöstlichen »Freßmetropolen«
längst nicht mehr nur in Hongkong, Singapur und Bangkok anzutreffen sind, sondern daß auch die Küchen Rotchinas zunehmend an Glanz und Konturen gewinnen.

Die marktwirtschaftliche Öffnung birgt freilich auch ihre Ge-
fahren für die Kultur der Garküchen. Wo Grund und Boden
zur Handelsware werden, tauchen vermehrt jene Standortpro-
bleme auf, die man aus Singapur, Hongkong oder Taiwan
bereits kennt. Dort wichen in den letzten Jahrzehnten ganze
Altstadtteile modernen Shopping-Citys und Hotelkomplexen,
die den guten alten Garküchen kaum mehr Raum zum Atmen
lassen. Hongkong beispielsweise mag auf seine schicke Food-
Street noch so stolz sein – mit dem Charme der alten Food-
Stalls können sich die designverliebten und keimfreien

Lebensmittelladen in Chengdu

Aale

Restaurants modernster Provenienz leider nicht vergleichen. Und auch in Peking sind die Straßenküchen, seit es an jeder Ecke eine zum Bersten volle McDonald's-Filiale – darunter sogar eine am Platz des Himmlischen Friedens – gibt, sicherlich nicht mehr geworden.

Yin und Yang
in der Garküche

Ist er Koch oder Arzt?
Ist dies eine Apotheke oder ein Restaurant?
Fisch, Fleisch, Gemüse, Frühlingszwiebel und Porree:
Köstliche Gerichte verbannen Tabletten und Pillen.
Nahrhafte Speisen sind das Mittel gegen alle Leiden.

Wenn Chinesen komplizierte Sachverhalte vermitteln wollen, so schreiben sie meist keine langen theoretischen Abhandlungen, sondern tun dies in Form von kurzen Gedichten wie diesem.

Präziser als in diesem poetischen Vergleich zwischen Koch und Arzt läßt sich die Einbindung des Kulinarischen in die Befindlichkeit des Menschen kaum auf den Punkt bringen. Die Chinesen essen nämlich, bei aller Lust an feinen Zubereitungen, nicht in erster Linie um zu genießen, sondern um bei guter Gesundheit und kräftiger Potenz ein hohes Alter zu erreichen. Jede Zutatenkombination hat ihren tieferen Sinn, und selbst scheinbare Grausamkeiten wie etwa der Verzehr von

Getrockneter und geräucherter
Fisch auf einem Markt
in der Provinz Sichuan

23

Kochwürste, eine
südchinesische Spezialität

Getrocknete Hechte

Käufer prüft die Qualität von Lotusknollen. Sie gelten in China als heilig.

Affen, Katzen und Hunden haben ihren Ursprung nicht in Lieblosigkeit, sondern wurzeln in einem ausgeprägten Sinn für diätetische Harmonien und Disharmonien, von denen die eßbare Welt eine wahre Fülle bereithält.

Wie sagte schon der chinesische Schriftsteller Lin Yutang? – »Wir essen alles Eßbare der Erde.« Womit er das geflügelte Wort von den Chinesen, die alles essen, »was fliegt, außer Flugzeugen, alles was schwimmt, außer Schiffen und alles was vier

Landschildkröten und Krabben,
Fischmarkt Hangzhou

Reisnudeln und Teigwaren

Roter Reis

Weiße und schwarze Bohnen

Beine hat, außer Stühlen und Tischen«, bereits vorweggenommen hat.

Bei Konfuzius liest sich das alles weniger lustig, doch die beiden von seiner Lehre geprägten Schlüsselworte Yin und Yang erweisen sich auch in gastrosophischer Hinsicht als durchaus tauglich. Bezeichnen sie doch die beiden kosmischen Urkräfte der Welt und des Lebens: Yin gilt als das weiblich-empfangende, passive Prinzip und steht auch für Dunkelheit und

Lotusgemüse

Frische Pilze

Zuckerrohr

Kälte. Das männlich-schöpferische, aktive Prinzip hingegen heißt Yang und wird auch dem Licht sowie der Hitze zugeordnet. Beide Prinzipien beinhalten keine Wertungen, sondern bedingen einander, um die menschliche Existenz zu vollendeter Harmonie zu führen.

Auf die konfuzianische Ernährungslehre bezogen bedeutet das: Der tägliche Speiseplan läßt sich aus den »heißen« Elementen des Yang und den »kalten« Zutaten des Yin heraus entwickeln. Heiß und kalt bezieht sich dabei jedoch nicht auf die Temperatur, mit der die Gerichte serviert werden, sondern auf die innere Struktur der Speisen. Yang gilt – ohne moralische Wertung – als positiver, Yin als negativer Pol, und nur wenn beide miteinander im Einklang stehen, sind Harmonie und Gesundheit gewährleistet. Ansonsten droht nicht mehr und nicht weniger als das Chaos.

Wer dem vorbeugen will, der halte sich getrost an ein paar Faustregeln: Kurzgebratenes rotes Fleisch, Chili, Ingwer, Zwiebel, Sojasauce, größere Bratenstücke, Huhn oder Erdnüsse werden dem heißen männlichen Bereich zugeordnet, während dem weiblichen Yin eher Gerichte wie Salat, Fisch, Haarkrebse, Wasserkastanien, Sellerie, Bambus, Tee, die meisten Früchte sowie alle gedünsteten, gedämpften und pochierten Speisen untertan sind. Da sich allerdings nicht alle Speisen direkt einem der beiden Pole zuordnen lassen, stehen zwischen dem Yin und dem Yang der Nahrung die sogenannten »fünf Energien«: kalt, heiß, warm, kühl und neutral.

Chinesische Menüfolgen werden – ob in der Palastküche oder in der Garküche – exakt nach diesen Prinzipien zusammengestellt. Wundern Sie sich also nicht, wenn man Ihre Bestellungen oft in einer anderen Reihenfolge serviert als Sie es möchten. Die Suppe in der Mitte oder der Reis zum guten Schluß haben ebenso ihre Berechtigung wie das süße Dim-Sum-Klößchen als Zwischengericht. Zutaten und Gerichte, wie wir es gewohnt sind, ausschließlich nach ihren Geschmacksnuancen zu kombinieren, stößt bei chinesischen Köchen auf tiefstes Unverständnis.

Die chinesische Art, Paranüsse zu knacken

Tintenfische und chinesischer
Knoblauch in der Auslage
einer Garküche in Shanghai

Flußfische auf dem Markt
in Chengdu

Fischköpfe, in der
chinesischen Küche wird
alles verwertet

28

Der tägliche Speiseplan läßt sich
Yang und den »kalten« Zutaten

Jadegemüse, dessen Strünke und Blätter gegessen werden

Enthäuten von Aalen

aus den »heißen« Elementen des des Yin heraus entwickeln.

Zubereitung von Teigbrötchen
mit Bohnen-Quark-Füllung

Karpfen, Markt in Chengdu

Vom Essen
auf der Straße

Die fernöstliche Garküche ist nicht nur der Inbegriff von flinken und geschickten Fingern, sie ist auch ein Symbol für Unternehmungsgeist und Mobilität. Food-Stalls sind daher auch relativ selten stationär in einer Häuserreihe oder einem Shopping-Komplex untergebracht (und wenn, dann geschah das nicht freiwillig, sondern – wie etwa in Singapur – im Zuge ganzer Stadtteil-Sanierungen). Oft genug servieren die Garköche ihre schnelle Kost auf Rädern und verschwinden bei anhaltendem Monsunregen in Blitzeseile durch den nächsten Hinterhof. Eine Garküche kann überall sein. In einem alten Schuppen oder im nach außen offenen Erdgeschoß eines Wohnhauses, in aufgelassenen Lagerhäusern, entlang stillgelegter Docks, in ehemaligen Garagen, Autowerkstätten oder Markthallen, in Baulücken und auf Parkplätzen, am Straßenrand, im Schatten von Standbildern und Denkmälern auf großen Plätzen oder aber im Umfeld von Bahnhöfen, Autobushaltestellen, Touristenattraktionen und Schiffsanlegestationen.

Gleichgültig ob in größeren oder kleineren Städten: Man findet kaum eine bedeutendere Geschäftsstraße, in der nicht in irgendeiner Häusernische oder einer Passage gebrutzelt und geschmurgelt würde. In kleinen Dörfern, die nicht einmal über ein eigenes Wirtshaus verfügen, bilden die Straßenküchen oft sogar die einzige Form von gastronomischer Infrastruktur. Und in manchen ärmeren und unerschlossenen Gebieten war die mobile Garküche zudem noch bis vor gar nicht so langer Zeit eine der wichtigsten Einkaufsquellen für die Hausfrau, die dort unter anderem das fürs Kochen nötige Wasser einkaufte.

Die Architektur der Garküche ist daher auch auf Schlichtheit und Zweckmäßigkeit ausgerichtet. Ein Tisch und ein paar einfache Sitzgelegenheiten, daneben eine befeuerte Blechtonne, der allgegenwärtige gußeiserne Wok, eine Reihe von stapelbaren Dämpfkörben unterschiedlichen Durchmessers, ein bis zwei Messer, Gittereinsätze zum Fritieren, Bratenwender, Schöpfkellen und ein aus Draht gefertigter Nudelkorb bilden die Grundausstattung. Denn die fernöstliche Garküche kommt bis heute ohne jede High-Tech-Hilfe, ohne Mixer und Mikrowelle, ohne Elektromesser und Friteuse aus.

Nudelgarküche in der Provinz Sichuan

Nudelgarküche in den Straßen
von Shanghai. Die Nudeln
werden, wie Spätzle,
mit einem scharfen Messer
in die Bouillon geschabt.

Dafür entdeckt man zuweilen noch mobile Garküchen von geradezu archaischem Zuschnitt. Oft handelt es sich dabei um ebenso kunst- wie phantasievoll umgebaute Fahrräder oder Rikschas mit Sonnenschirmen über der Lenkstange, Kesseln auf dem Gepäckträger und Küchengeschirr an den Hinterrädern, an denen, um das bunte Bild perfekt zu machen, auch noch ein paar Bambuskörbe mit lebenden Enten und Hühnern hängen.

Obwohl die fliegenden Garköche (manche davon sind, wie man sich leicht überzeugen kann, sogar veritable Meisterköche) durchweg mit Gerätschaften arbeiten, die einander stark ähneln, sind die Produkte der Garküchen überraschenderweise niemals uniform. Jede Garküche hat ihren individuellen Stil, ist eine Einheit für sich, arbeitet mit unterschiedlichen Zutaten und produziert höchst verschiedenartige Gerichte. So erhält jeder Food-Stall seinen unverwechselbaren »Stall-Geruch« und entfaltet äußerst individuelle Küchendünste, deren Duftnoten in einer schier unglaublichen Bandbreite zwischen dem derben Odeur ausgekochter Rindermägen und Schafspansen sowie der feinen Würze von Koriander, Sesamöl und Reisessig angesiedelt sind. Der neugierige Topfgucker aus dem Westen darf sich angesichts der Vielzahl solcher Eindrücke tatsächlich als kulinarischer Weltenbummler und Abenteuerreisender durch die schön-schaurige Welt exotischer Genüsse fühlen.

Das abendländische Vorurteil, daß es nicht vornehm sei, im Gehen und Stehen, sprich: unterwegs, zu essen, gilt im Fernen Osten nämlich keinesfalls. Nudelschlürfende Passanten gehören daher nicht nur in China, sondern etwa auch am Malaiischen Archipel oder in Indonesien ebenso zur Normalität wie hühnerflügelkauende Radfahrer.

WOK mit Bouillon aus Rindermagen, Basis für Suppen

Und was da alles gegessen wird! Schlangen, Bärentatzen, getrocknete oder auch frische Bisamratten, Eidechsen, Geckos,
Hunde, Affen, Zibetkatzen und sogar Kakerlaken, die panzer-
losen und daher besonders bekömmlichen Wollhaarkrabben,
kandiertes Rind- und Schweinefleisch, Paranüsse, Bohnenpaste, Katzenhechte, Langusten, Jadegemüse, Stierhoden,
Rinderschwänze, Lotus- und Fenchelknollen, Taro-Süßkar-
toffeln, Fischköpfe oder glitschige kleine Glasaale. Fast alles
davon wird, vom schwarzen Huhn bis zum Hummer und von
der Ente bis zur Languste lebend in Käfigen oder Wasser-
behältern angeliefert und an Ort und Stelle verarbeitet und
gekocht.

Der Kreativität der Garköche sind dabei keinerlei Grenzen gesetzt. Sie kochen zwar ausschließlich in der Tradition der je-
weiligen Region oder auch der Provinz ihrer Herkunft, finden
aber mit spielerischer Leichtigkeit immer wieder neue Varia-
tionen zu immer wiederkehrenden Themen wie Ente, Nudeln,
Meeresfrüchte, Schweinefleisch, Reis und Gemüse. Und selbst
weitgereiste Fernost-Gourmets gelangen immer wieder zu der
verblüffenden Erkenntnis, daß sie die schönsten ihrer fein-
schmeckerischen Freuden oft nicht in den vornehmen Restaurants, sondern in der Garküche erlebt haben.

Daß ein typisches Food-Stall-Essen in China zwischen 50 Fen
und 10 Yuan, also von etwa 30 Pfennig bis 3 Mark kostet (und in
Hongkong, Singapur, Malaysia oder Thailand meist auch nicht
viel teurer ist), macht dieses Vergnügen nur doppelt schön.
Man zahlt lediglich das Produkt und die (billige) Arbeitskraft,
die legere Atmosphäre ist gratis.

Dabei hat das Leben in den Food-Stalls in all seiner scheinbaren Regellosigkeit durchaus auch seine eigenen Gesetze. So sind die Chinesen beispielsweise im Gegensatz zu uns Europäern keine »Sitzenbleiber«. Zum Essen selbst lassen sie sich zwar jede Zeit, die sie brauchen (und wer drängelt, hat keine Chance, deshalb schneller dranzukommen). Doch sobald der letzte Bissen verdrückt und das Essen bezahlt ist, stehen sie fast ruckartig auf und machen ihren Hocker für den nächsten Hungrigen frei. Danach geht man allenfalls noch ins nächste Teehaus und lauscht den Klängen der Chinaoper, oder man riskiert eines der zahlreichen chinesischen Brett- oder Würfelspiele, für das schnell ein Partner gefunden ist.

So wie das Teehaus die soziale Fortsetzung der Garküche ist, so hat die Welt der Food-Stalls auch ihre zahlreichen Nebengewerbe. Da ist etwa der Nudelmacher, der sein Gewerbe stets ein wenig als Show-Business betrachtet und mit den von ihm gewickelten, hauchdünnen Nudelschleifen um sich wirft wie ein Equilibrist mit den Ringen. Oder der allgegenwärtige Kohlenlieferant, meist ein kleines altes Männchen, das imstande ist, auf seinem Holzwägelchen geradezu unglaubliche Lasten fortzubewegen. Zu den klassischen »Volkstypen« dieser kleinen, geschäftigen Welt gehört jedoch auch der Stäbchenschnitzer, der in aller Seelenruhe auf einem Holzpflock seine Chop-Sticks in Form und Politur bringt. Gleich daneben findet man mit etwas Glück da und dort auch noch einen Zuckerspinner, der aus einer klebrig biegsamen Masse vielfarbige Stränge zu knüpfen weiß, die er dann in kunstvoll verschlungenen Mustern auf ein Papier aufträgt. Rasch erkaltet die Masse und wird von Kindern mit leuchtenden Augen abgehoben, die ihre Trophäen stolz davontragen und daran zu schlecken beginnen.

Zu den Zulieferanten der Garküchen zählen auch die Reisweinhändler, die allerdings nur in den seltensten Fällen Wein, dafür aber einen Reis- oder Hirseschnaps anbieten, dessen Gradation je nach Stärke zwischen 25 und 56 Volumprozent Alkohol liegt. Auch Tabakhändler machen zwischen den Garküchen ihre guten Geschäfte, und zwar keineswegs nur mit Zigaretten, sondern oft auch mit Tabakblättern und Tabaken zum Selberrollen. Würde die oft gänzlich konträre soziale Wirklichkeit, die sich dahinter verbirgt, nicht dagegensprechen, man könnte die Welt der Garküchen mit ein wenig Eu-

Ländliche Garküche in der Provinz Sichuan

Go, beliebtes chinesisches Brettspiel

Reisschnapsverkäufer in Peking

Zuckerspinner

phorie für die gelebte Utopie der einfachen Genüsse und somit auch der zweckmäßigen Vernunft halten.

Selbst noch die Dämpfe, die von den Öfen aufsteigen, werden auf den Balkonen und Fenstern der darüberliegenden Stockwerke sinnvoll genutzt. Dort hängen viele Familien beispielsweise riesengroße Kohlblätter zum Trocknen auf, die später als Winternahrung dienen.

Essen und Trinken, erfährt man einmal mehr, ist in China Kommunikation und Ökonomie, Medizin und Religion, Alltag und Fest, Arbeit und Zeitvertreib zugleich. Nicht nur, aber gerade auch in der Garküche.

Kohlen werden für die Befeuerung der WOKs angeliefert

Der goldene Schnitt

Wie gut Chinesen mit Schwertern umzugehen verstehen, weiß jeder, der einmal einen Eastern aus Hongkongs Filmfabrik gesehen hat. Bei Kung Fu & Co. erfährt man jedoch auch, daß das Zersäbeln von dicker Luft sowie unliebsamen Zeitgenossen, die sich gerade an derselben befinden, nicht nur etwas mit Rabaukentum, sondern auch mit Kunst zu tun hat. Denn Yin und Yang gibt es, wie wir wissen, nicht nur in der Liebe und beim Essen, sondern auch überall dort, wo die Klingen scharf gemacht werden.

Wer jemals miterleben durfte, wie ein chinesischer Meisterkoch eine gebratene Peking-Ente mittels eines zumindest für westliche Verhältnisse reichlich unhandlichen Küchenbeils vorschriftsmäßig in 112 einzelne, auf einer Vorlegeplatte höchst dekorativ drapierte Stücke zerlegen kann, der weiß auch, daß nicht nur Kampfmönche, sondern auch ganz friedliche Köche zu den schneidigsten Leistungen befähigt sind, wenn man sie nur läßt.

Dabei kommen gerade sie, was ihr geschliffenes Handwerkszeug betrifft, mit relativ einfachen Mitteln aus. Ob in der Garküche oder im Spitzenrestaurant: Angesichts von europäischen Köchen, die über einen Koffer mit einem oder gar zwei Dutzend Spezialmessern verfügen, kommt der chinesischen Kollegenschaft nur ein mitleidiges Schmunzeln über die Lippen.

Für sie zählt nämlich nicht die Größe des Waffenarsenals aus Edelstahl, sondern vielmehr die Beherrschung der Philosophie des Schneidens schlechthin. Konfuzius, der einem guten Essen alles andere als abhold und für die Festmähler, die er in Kurtisanengesellschaft für seine Schüler gab, berühmt war, sagte einmal: »Ich will kein Essen zu mir nehmen, das nicht richtig geschnitten ist.«

Schneiden bedeutet in China in erster Linie Teilen. »Es ist absolut nicht gleichgültig«, erklärt daher auch der quirlige kleine Garkoch aus der Hongkonger Temple-Street bereitwillig neugierigen Essern aus dem Fernen Westen, »wie Sie eine Karotte, ein Stück Kohl oder einen Pilz schneiden. Nicht nur die Gestalt, auch die Farbe und der Geschmack werden dadurch bestimmt!« Gleichgültig, wie das Grundprodukt beschaffen ist, ein chine-

Chinesische Küchenutensilien

sischer Koch kommt im wesentlichen mit einem schweren und einem leichteren Hackmesser aus, mit deren Hilfe er dann winzige Würfelchen und hauchdünne Tranchen, dicke Röllchen und schlanke Stiftchen, lange Streifen und kurze Stummel schneiden kann. Das Wörtchen Messer ist für die rechteckigen Schneidewerkzeuge mit dem kurzen Griff und der scharfen, spitz zulaufenden Klinge freilich eher eine Untertreibung. Hackebeil würde den Kern der Sache schon eher treffen. Doch die Chinesen verwenden ihr Küchenbeil keineswegs nur zum Hacken, sondern auch zum Ziselieren und Tournieren von Gemüsen, Tintenfischen oder anderen Zutaten.

Wichtig ist, daß sich die einzelnen Stücke, was Größe und Durchmesser betrifft, nahezu bis auf den Millimeter gleichen.

Es dauert seine Zeit, bis ein junger Koch die Grundtechniken seines Handwerks erlernt hat: den senkrechten Schnitt für Bambussprossen, den Stoß- und Zugschnitt für größere Fleischstücke, den Sägeschnitt für Brot oder Schinken, den Rollschnitt für Wurzel- und Knollengemüse, den horizontalen Scheibenschnitt für Sojaquark und Gelees, den diagonalen Scheibenschnitt für Chinakohl, den Stoß- oder Zugscheibenschnitt für das Entbeinen von Geflügel – und schließlich das Hacken, Schlaghacken und Nachhacken von Fleischstücken mit Knochen auf dem klassischen Teakholz-Schneideblock.

Traditionelles Schneidebrett

Das Handwerk beherrscht man erst nach vielen Jahren wirklich perfekt. In China würde man sagen, erst dann, wenn sich zur bloßen Fertigkeit auch noch ein gewisses Maß an Weisheit gesellt hat.

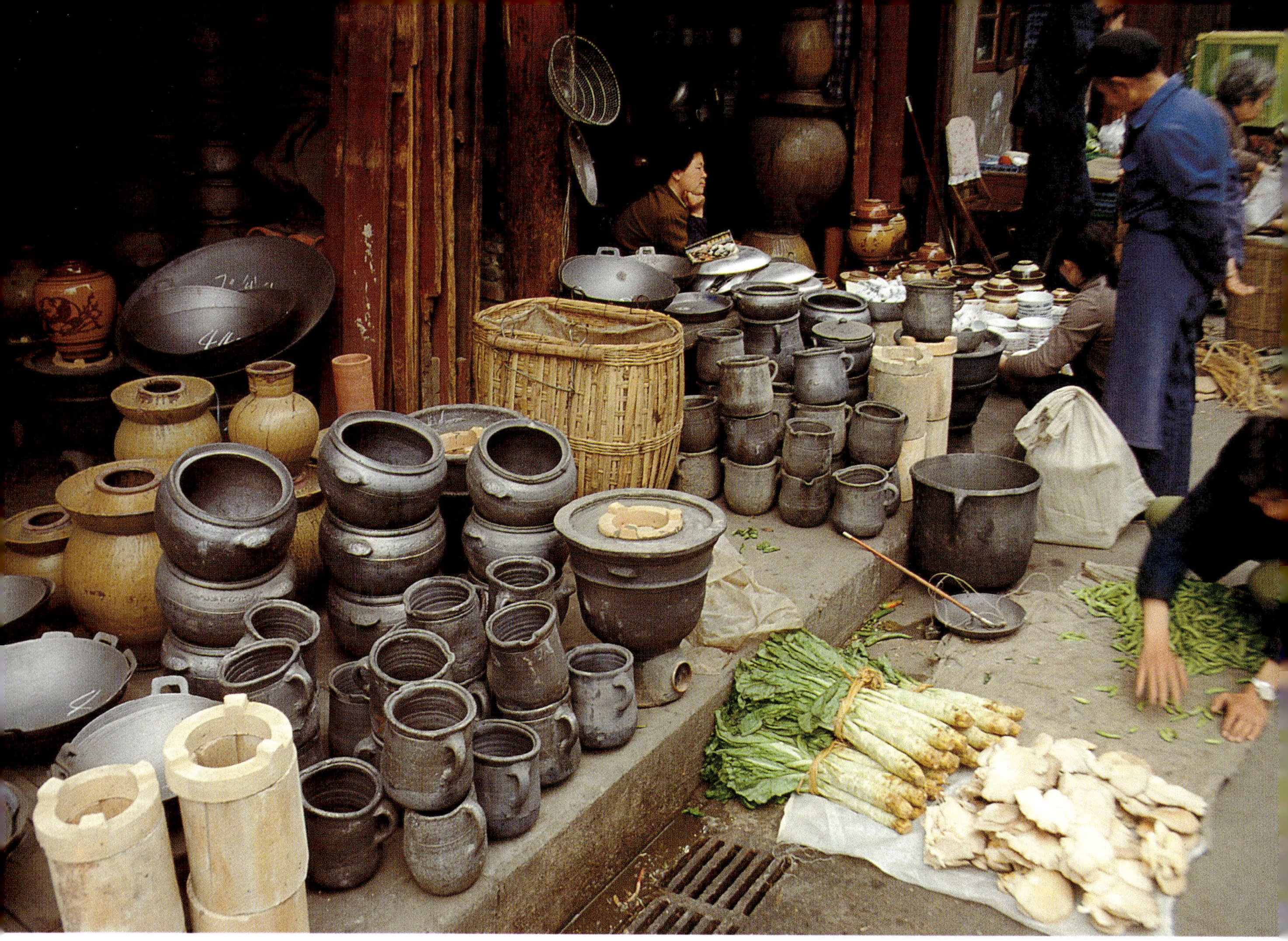

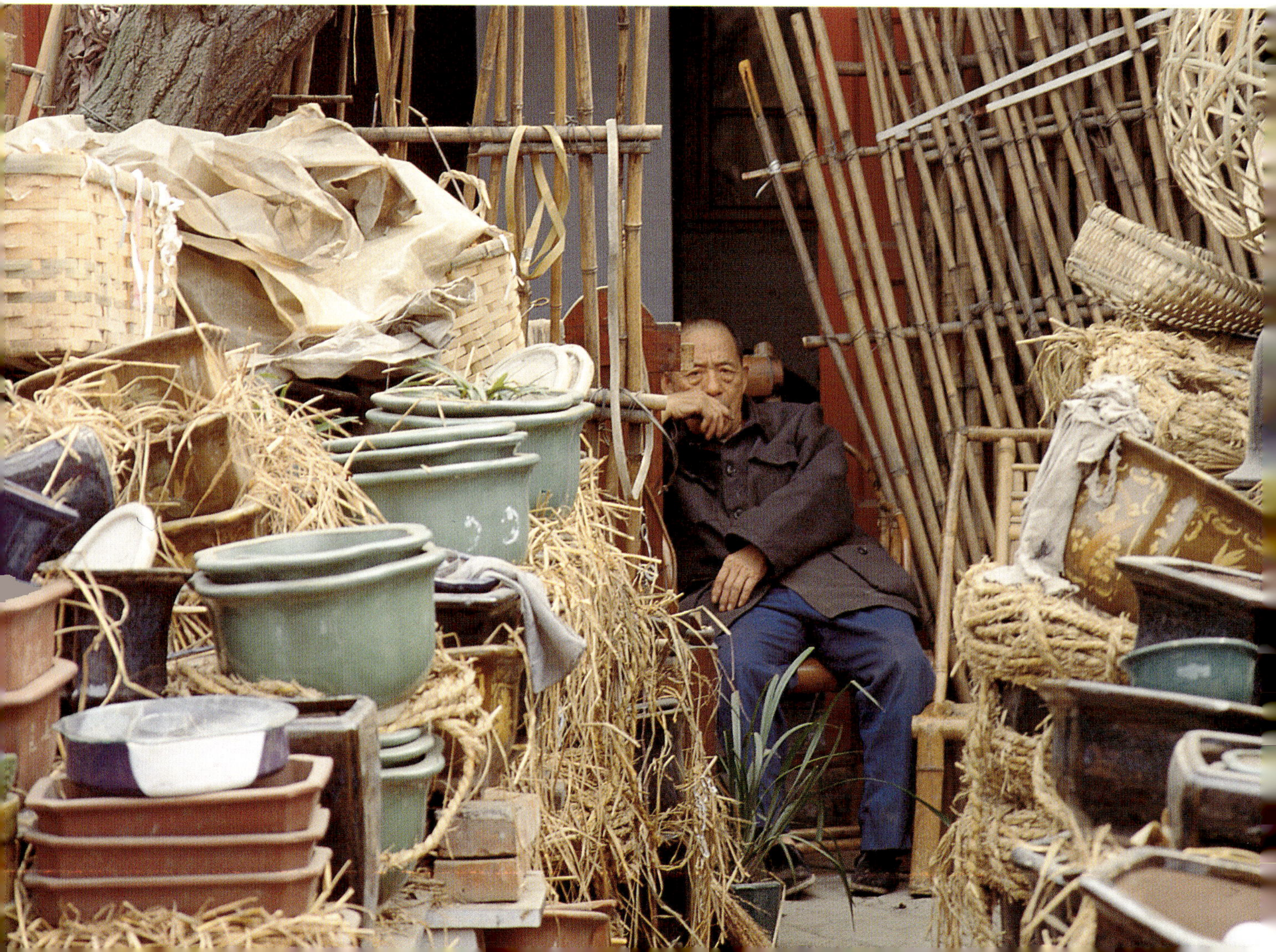

Frisch aus dem Wok –
und köstlich wird es sein

Am Anfang aller Kochkunst stand auch bei den alten Chinesen das Feuer. Doch dann kam gleich der Wok, eines der ältesten Kochgeräte der Welt, das – halb Kessel, halb Pfanne – sowohl für das scharfe Anbraten (Yang) als auch für das schonende Schmoren (Yin) verwendet werden kann. Die Grundzüge der chinesischen Gastrosophie sind somit in einer einzigen Gerätschaft verwirklicht.

Schon in den ältesten chinesischen Kochbüchern, dem »Zhou li« und dem »Li ji«, ist über die Auswirkungen des Feuers auf den Geschmack die Rede: »Nur ein richtiges Feuer bedeutet ein köstliches Gericht«, heißt es dort sinngemäß. Und ein Gedicht des chinesischen Schriftstellers Su Dongpo (1037–1101) lautet:

> *Langsames Feuer*
> *Wenig Wasser*
> *Und köstlich wird es sein.*

Wie köstlich, davon kann sich jeder in den Straßenküchen zwischen Nordchina, Singapur und Bangkok selbst überzeugen. Denn während die gemauerten chinesischen Herde, in deren Gluthitze sich vor allem ganze Bratenstücke wie Spanferkel und Peking-Ente perfekt garen lassen, im wesentlichen den Restaurantküchen vorbehalten sind, hat sich der vielseitige Wok seit dem 10. Jahrhundert, als er in China erstmals in Gebrauch kam, zur zentralen Institution nahezu jeder fernöstlichen Garküche entwickelt. Vorformen des gußeisernen Woks hat es freilich auch schon viel früher gegeben. In wok-ähnlichen Tontöpfen mit rundem Boden hat man bereits vor 3000 Jahren gekocht.

Und wohl ebensolange ist es her, daß die chinesische Landschaft die Grundprodukte für diese ebenso einfache wie schnelle Küche liefert. China ist in weiten Teilen ein besonders fruchtbares und ertragreiches Land, das allerdings noch heute oft auf äußerst archaische Weise bewirtschaftet wird. Moderne landwirtschaftliche Maschinen zeigt man zwar gern den Besuchern aus dem Westen, wer jedoch hinter die Fassade sieht, der findet oft noch Stimmungen und Arbeitsmethoden wie zur Zeit des chinesischen Kaiserreichs. Wasserbüffel und Pflug be-

Traditioneller Pflug für die Bearbeitung der Reisfelder, bei Guilin

Wasserbüffel zieht den Pflug
durch ein Reisfeld bei Guilin

Bauer mit Pflug, bei Guilin

Junge Bäuerin trägt
Jadegemüse zum Markt,
bei Guilin

stimmen die Szenerie, und auch der Reis wird oft noch mit den Händen geerntet. Erst beim Transport kommt dann die Neuzeit ins Spiel. Die Bauern bringen die Früchte ihrer mühseligen Arbeit an den Straßenrand, wo Millionen Wok-Pfannen auf Nachschub warten.

Ob all das, was da in den Garküchen zwischen Peking und Shanghai in einem Wok so vor sich hinbrodelt, -zischt und -dampft, tatsächlich so köstlich sein wird, wie der Dichter Su Dongpo es verheißen hat, das hängt freilich weniger von der Pfanne selbst ab, als davon, ob der Benutzer die zahlreichen Techniken der Wok-Küche beherrscht.

Der klassische Wok, auch *Wah* oder *Chaoguo* genannt, hat einen kugelrunden Boden und hohe, nach außen geneigte Wände, die eine optimale Hitzeverteilung ermöglichen und dank eines Durchmessers von etwa 40 Zentimetern auch ziemlich viel Bratgut aufnehmen können. Woks gibt es allerdings auch in einer kleineren Ausführung von etwa 25 Zentimeter. Im ersteren Fall hat die chinesische Pfanne für gewöhnlich zwei gußeiserne Henkel, im letzteren läßt sie sich mit Hilfe eines kleinen Holzgriffs bewegen.

Archaisch präsentiert sich auch der klassische Garküchen-Ofen, der so einfach wie zweckmäßig konstruiert ist und dem Wok nicht nur die nötige Hitze verleiht, sondern sich auch als Gerüst von geradezu vollendeter Statik präsentiert. Eine alte Blechtonne wird zu diesem Zweck mit Schamotte ausgestrichen und mit einer speziellen Art von Briketts gefüllt, für deren Nachschub der allgegenwärtige Kohlenmann mit seinem langen Holzwägelchen sorgt. Sind die Briketts erst einmal entzündet, entfalten sie sehr schnell die angestrebte Gluthitze, die durch ein motorbetriebenes Gebläse vor einer eigens dafür ausgesparten Öffnung auch ständig am Glühen gehalten wird.

In der Praxis ist der Wok für einen Koch ein weites Land, das vieles möglich macht, was in Europas Küchen undenkbar scheint: So ist die Kombination von Fritieren und Rösten in den großen Küchen Europas (wie nahezu alle kombinierten Gartechniken) verpönt. Mit Hilfe eines Woks kann es jedoch zu äußerst wohlschmeckenden Ergebnissen führen, wenn man zunächst eine Tasse Fritieröl in den runden Pfannenboden gießt, in dem man etwa Fleisch oder Fisch ausbackt, das man dann, nachdem man das Öl weitgehend reduziert hat, etwa mit Gemüsen oder Pilzen weiterröstet.

Meeresfrüchte auf dem
Hongkonger Temple-Street-
Market

Das ist freilich nur eine der rund fünfzig in der chinesischen
Küche bekannten Garungsmethoden. *Chao* – das mit unserem
Sautieren verwandte Pfannenrühren, ist vielleicht die bekann-
teste und erfordert, daß das gesamte Kochgut zuvor möglichst
regelmäßig geschnitten wurde und während des Garens ständig in Bewegung bleibt. Als *Zah* bezeichnet man das Fritieren
in heißem Öl, als *Jian* das Braten mit zunächst relativ wenig Öl,
das allerdings nachgegossen wird. *Shao* meint das Schmoren
von Kochgut, das zunächst kurz angebraten und dann mit Flüssigkeit aufgegossen und zugedeckt fertig gedünstet wird. *Zheng*
schließlich nennt sich die Grundtechnik jeder Dim-Sum-
Küche, das Dämpfen. Dabei wird der Wok mit reichlich Wasser
angefüllt, über welches man schließlich jene runden Bambus-
einsätze stellt, in denen die kleinen Klößchen, Täschchen und
Röllchen über heißem Dampf gegart werden. Der Wok oder zumindest das Bambuskörbchen muß zu diesem Zweck mit einem Deckel verschlossen sein. So ein Bambuskörbchen kann
auch schon einmal einen Meter Durchmesser haben und Dut-
zende von Fleischbällchen in Hefeteig aufnehmen.

Solche Dampfeinsätze aus geflochtenem Bambus zählen neben dem Wok zu den wichtigsten Gerätschaften der Garküche.
Sie sind stapelbar und ermöglichen daher die Herstellung nahezu beliebig vieler Portionen. Außerdem lassen sich auf diese
Weise unterschiedliche Speisen gleichzeitig zubereiten und
vor allem auch warm halten, was in einer chinesischen Garküche, zumal nach Ausbruch der »Rush-hour«, sehr wichtig
sein kann. Daß der Bambuseinsatz den Speisen, die darin gedämpft werden, auch sein unverwechselbares »Holzaroma«
verleiht, macht das praktische Küchengerät darüber hinaus

auch noch zu einem mittlerweile bei vielen westlichen Köchen beliebten »Geschmacksträger«.

Den Woks als Dampfspender zu verwenden ist freilich nur eine der vielen Möglichkeiten, seine geradezu magischen Kräfte zu nutzen. Vor allem wird darin nämlich geschmort und geröstet, daß es nur so eine Freude ist.

Jetzt erst stellt sich wirklich heraus, ob der zunächst erfolgte Schnitt entlang der Möhren, Chinakohlköpfe, Enten- und Hühnerbrüste, Tofuziegel, Schinkenkeulen und Schweinsfüße wirklich ein goldener war. Nur wenn sie allesamt in Teilchen von annähernd gleichem Durchmesser geschnitten wurden, läßt sich nämlich ein gemeinsamer Garpunkt erzielen, und auch dann wird vom Garkoch noch ganz genau kalkuliert, welche Zutaten zehn Minuten im Wok verweilen und welche nur ein paar Sekunden durch das heiße Erdnußöl, das hitzebeständigste aller Öle, gezogen werden, um dann bis zum endgültigen Abschmecken auf einem eigens dafür eingerichteten Gittereinsatz über dem Wok beiseite gestellt zu werden.

Das Kochen im Wok ist jedoch auch, wie bei jeder anderen guten Küche, eine Frage der perfekten Planung. Auch wenn im Schatten der Zeltplanen und im Dämmerschein der Terpentinlichter vieles nach Improvisation aussieht, so bleibt dennoch nichts dem Zufall überlassen. Auch die Chinesen kennen, um

Bild links:
Geräucherte Tofuscheiben

einen Fachausdruck aus dem Französischen zu verwenden, ein perfektes Mise-en-place und bereiten alle Zutaten, fein säuberlich gehackt, in Schüsselchen oder ordentlich auf Küchenbrettern drapiert vor, was dann dazu führt, daß manche Garküchenzeilen wie Märkte wirken: Denn hier findet man sie alle, die populären wie die ausgefallenen Zutaten, die asiatischen Auberginen, die wie lila Bananen aussehen und zur Spitze hin weißlich schimmern, die Bambussprossen, die Zwergbananen und Baumtomaten, den Chicorée, die Chilischoten und den allgegenwärtigen Chinakohl, die kunstvoll geschnitzten Frühlingszwiebeln, die verschrumpelten Ingwerknollen mit ihrer seidenweichen Haut, die Kichererbsen und die Limetten, den unentbehrlichen Mangold, den chinesischen Senfkohl *Pak choi*, die süßlichen Schalotten, der gesunde Tofu und die nahrhaften Weizenkeimlinge, das besonders in Siam verbreitete Zitronengras, die knackigen Zuckerschoten, die scheckigen Wachteleier, die saftigen Tangerinen, die frischen Meeresfrüchte und Muschelspieße, die orangerot leuchtenden Enten – alles, einfach alles scheint in einer noch so winzigen Garküche Platz und Verwendung zu finden.

Wenn zuletzt beim Erhitzen des Öls im Wok der »Startschuß« zum Kochen gegeben wird, ist es für Vorbereitungen in letzter Minute allerdings zu spät. Wer jetzt erst zu schneiden und zu tournieren beginnen muß, wäre auch wahrlich ein schlechter Garkoch.

Doch davon gibt es im Fernen Osten nur ganz, ganz wenige.

Von Garküche zu Garküche

Wo Garküchen sind, da läßt sich´s getrost reisen, und man braucht dafür oft nicht einmal ein Flugzeug, einen Autobus oder einen Zug zu besteigen. In vielen Fällen reicht es, einfach die Straße entlangzuschlendern und ganz einfach den betörendsten Düften nachzuspüren. Gerade in den großen Städten des Fernen Ostens – in Hongkong, Singapur, Kuala Lumpur oder Bangkok – geben sich die Garküchen nämlich multikulturell. Da finden sich die unterschiedlichsten Gerichte, zwischen deren Entstehungsorten oft Tausende von Kilometern liegen, in trauter Nachbarschaft: scharfe Köstlichkeiten aus Sichuan, feine, dezent gewürzte Meeresfrüchte aus Kanton, süße Klößchen aus Nordchina, würzige Spießchen aus Malaysia, Zitronengrassuppen aus Thailand…

Der Wok, die Allzweckpfanne aller fernöstlichen Garmethoden, wird auf diese Weise zum »Melting pot« von Geschmäckern, Kulturen und unterschiedlichsten bodenständigen Küchen. Trotz der relativ ähnlichen Kochtechniken hat sich nämlich jede Region im Fernen Osten – und insbesondere in China – bis heute eine unverwechselbare kulinarische Identität bewahrt.

Ein Kontinent mit 1000 Geschmäckern

Singapur ist stolz darauf, eine Food-Metropole zu sein, in der man sich durch alle nur denkbaren Küchen Asiens »hindurchkosten« kann. Das gilt nicht nur für die ungezählten Restaurants, sondern etwa auch für die Garküchen zu beiden Seiten des Singapore River oder im Car Park an der Orchard Road; gute Garküchen findet man auch in der Albert Road und der Bugi Street, im People's Park in der New Brigde Road oder die Bedok Stalls in der East Coast Road. Für die malaysische Küche sind die Märkte in Geylang berühmt. Besuchenswert ist schließlich auch das kleine indische Viertel in der Serangoon Road, wo man auf klapprigen Holzstühlen und kleinen Tischen für wenig Geld ganz ausgezeichnet speisen kann: Hier in Little India ißt man die Currys, die anstatt auf Tellern gerne auf Palmblättern serviert werden, einfach mit der Hand (und unter Zuhilfenahme der *Chapati* genannten indischen Fladenbrote, mit denen sich sowohl Fleisch- und Fischstücke einklemmen als auch Saucen auftunken lassen). Von den malaysischen

Singapur und Malaysia – Aufgespießt und gut gewürzt

51

Holzkohlengrills probiert man am besten die feinen *Satay*-Spießchen aus Lamm-, Hühner- oder Rindfleisch, die man vor dem Essen in eine pikante Sauce aus Chilischoten, geriebenen Erdnüssen und etwas frischer Kokosmilch tunkt.

Etwas kleiner und überschaubarer als in Singapur ist die Garküchenwelt der Hawker Stalls am Ufer des Klang-Flusses sowie in der Campbell Road von Kuala Lumpur, wo neben zahlreichen chinesischen Garküchen vor allem auch zahlreiche *Satay*-Bratereien von hoher Qualität anzutreffen sind.

Bangkok – Imbiß von der Stange

In Bangkok, so sagt eine Redensart, werden die meisten Restaurants auf einer Bambusstange herumgetragen. Tatsächlich finden sich die Garküchen an allen Ecken und Enden von Bangkok: in Booten oder vor Tempeln, entlang der berüchtigten »Sündenmeilen«, im siamesischen Venedig der Klongs und auf den schwimmenden Märkten. Spannende Garküchen-Abenteuer lassen sich vor allem am Bangrak-Markt in der New Road, am Pratunam-Markt in der Phetchaburi Road und in Chinatown in der Sampeng Lane erleben. Die thailändische Küche gilt aufgrund ihres aromatischen Reichtums mit Recht als eine der feinsten Asiens, was wohl nicht zuletzt an der freizügigen Verwendung des duftenden Zitronengrases und an der hohen Qualität der Meeresfrüchte liegt. Viele Gerichte können auch eine äußerst pikante Schärfe entwickeln. Nicht jedermanns Sache ist indessen die fermentierte Fischsauce *Nam Pla*, die auf jeden Fall authentisch schmeckt, vielen Europäern jedoch schlicht und einfach »stinkt«. Wer zuviel von einem solchen Gericht erwischt hat, der wende sich lieber einer der zahlreichen Garküchen chinesischer Provenienz zu und bestelle etwa feine *Salapau* – mit süßem Schweinefleisch gefüllte Dampfbrötchen.

Hongkong – Die Food-Metropole

In Hongkong gibt es – auch nach der Übernahme der Verwaltung durch Rotchina – nichts, was es nicht gibt. Man kann hier sogar Wiener Schnitzel und Schweizer Fondue bekommen, vor allem aber in den *Dai pai dong* – den Straßenküchen – ausgedehnte Streifzüge durch sämtliche Provinzküchen Chinas unternehmen. Die besten Ausgangspunkte für derlei delikate Expeditionen sind der bereits eingangs erwähnte »Poor Man's Night Club« am Hongkong-China-Ferry-Terminal, die Canal-Road-Stalls in Causeway Bay und der Yau-Ma-Tei-Night-Market an der Nathan Road in Kowloon rund um die Temple Street. Wer seine kleine Happen – speziell zu Regenzeiten – lieber unter sicherem Obdach einnehmen will, der sollte indessen eine der populären Dim-Sum-Hallen wie etwa das zentral gelegene Luk-Yu-Teahouse in der Stanley Street aufsuchen, die Hongkong zu einer wahren Metropole der chinesischen Snack-Küche machen. Last, not least lohnt sich auch ein Ausflug ins nahe Macao, wo der Einfluß der portugiesischen Kolonialmacht bis heute sogar in den kleinsten Garküchen spürbar ist.

Kanton – Der Ankerplatz der guten Küche

Die Provinz Guangdong, auch Kwangtung geschrieben, gilt mit Recht seit vielen Jahrhunderten als Feinschmecker-Paradies. Die nach der Provinzhauptstadt Kanton (*Can ton* bedeutet Ankerplatz für große Handelsschiffe) benannte Küche genießt mit Recht den Ruf, die »französischste« unter den chinesischen Küchen zu sein. Voraussetzung für die gastronomische Vielfalt dieser Region sind ihr subtropisches, fruchtbares Klima sowie die 1600 Kilometer lange und extrem fischreiche Küste. Die Raffinesse der kantonesischen Feinschmeckerküche setzt sich auch in den Garküchen fort, wo exotische und Meeresfrüchte, aber auch Schwein, Rind, Vögel sowie ungezählte Arten von Speisepilzen zu den wichtigsten Zutaten zählen. Die besten Garküchen Kantons findet man in der *Xihao Er Lu* und an der *Renmin Nan Lu.*

Shanghai – Köstliches vom Yang Tse Kiang

Unter »Shanghaien« verstehen die Seeleute das berüchtigte Kielholen, der Begriff wird aber auch ganz allgemein für das Kidnapping und Verschleppen junger Mädchen verwendet. Wesentlich besser ist der Ruf der alten chinesischen Hafenstadt, wenn es um ihre Küche geht, die zwar stets ein wenig fett, aber gleichzeitig schmackhaft und in des Wortes britischstem Sinn »spicy« ist. An erlesenen Zutaten fehlt es im kulinarischen Einzugsgebiet das Yang-Tse-Tales keineswegs, und das nicht nur wegen der siebzehn (!) Sorten Bohnen, die hier angebaut werden. Eine besonders große Rolle spielen hier auch die Süßwasserfische, vor allem Aale, und Flußkrebse. Shanghai rühmt sich auch, wenngleich nicht ganz unumstritten, mehrere weltberühmte Klassiker der chinesischen Küche »erfunden« zu haben. Dazu zählen das gefüllte und in Lehm ausgebackene Bettlerhuhn, die auch in Europa verbreitete Acht-Schätze-Ente, das »Betrunkene Hühnchen« sowie generell das Trocknen von Zutaten. Garküchen waren im historischen Shanghai ein selbstverständlicher Teil des Stadtbildes. Heute muß man sich allerdings zunehmend tiefer ins Dickicht der Nebenstraßen schlagen, um welche zu finden.

Hangzhou – Das Schlaraffenland am Westsee

Schon Marco Polo pries die Märkte dieser am Westsee gelegenen Stadt mit ihren vielen Inseln in blumenreichen Worten. Vor allem die riesigen Birnen hatten es ihm angetan; außerdem schwärmte er von den Wild- und Geflügelspezialitäten, die man ihm vorsetzte. Der Dragon-Well-Tea, der hier jeden Mai für unverwechselbare Duftorgien sorgt, wird nicht nur getrunken, sondern auch als Zutat für Speisen verwendet. Die Teehäuser auf den Inseln sind auch kulinarische Stätten, wo Essigfisch und Honigente zu den Spezialitäten zählen. Wirklich berühmt ist Hangzhou vor allem für das hier servierte *Tung po*, das nach einem Dichter der Song-Dynastie benannt ist und im Rufe steht, das zarteste Schweinefleisch der Welt zu sein. Ob das stimmt, möge jeder selbst entscheiden. Idealerweise wird es so lange geschmort, bis es die Konsistenz von Sojaquark hat. Danach läßt man es noch ein Weilchen in einem abgedichteten Porzellantöpfchen dämpfen. Außerdem gedeiht an den Seeufern das seltene und unter Gourmets weithin gerühmte Malvengemüse *Shuen choi*, das jedoch Seltenheitswert besitzt und daher eher in Restaurants als in Garküchen erhältlich ist. Die besten und preisgünstigsten Food-Stalls finden sich östlich des Sees in der Gegend rund um die beiden Straßen Pinghai Lu und Jiefang Lu.

Suzhou – Metropole der gedämpften Brötchen

Die traditionelle Gelehrsamkeit der ehemaligen Reichshauptstadt der Wu-Dynastie und die vielen Teehäuser, in denen diskutiert wurde, sorgten – gewissermaßen als kulinarisches Nebenprodukt – für die Entstehung einer Dim-Sum-Metropole, die allein schon auf ihre rund fünfzig unterschiedlichen Feingebäcksorten stolz ist. Regionale Spezialitäten sind der lautstark in heißem Öl gebratene Stachelfisch, die Ente mit Mandeln sowie das ebenso dekorative wie berühmte Tee-Ei.

Sichuan – Gelobt sei, was scharf macht

Das »Ungarn Chinas« liegt in der unmittelbaren Nachbarschaft der Mönchsrepublik Tibet und ist alles andere als asketisch. Hier entstand das verbreitete Fünf-Gewürze-Pulver, und hier wird neben Chili, Ingwer und Koriandergrün auch der brennend scharfe Sichuan-Pfeffer angebaut. Huhn, Schweinefleisch und Bambus zählen zu den wichtigsten Zutaten. Das Räuchern (vor allem jenes von Enten) hat als besonders schmackhafte Kochtechnik auch über die Provinz Sichuan hinaus Popularität erlangt. Trotz Meeresferne findet man hier überraschend viele Schalentiere, die neben Süßwasserfischen reichlich in den Gebirgsgewässern vorrätig sind. Eine weitere Spezialität der Region ist der rote Reis.

Es wäre freilich verwunderlich, wenn die kantonesischen Dim Sum nicht auch ihr Gegenstück in der Sichuan-Küche, der im doppelten Wortsinn schärfsten Konkurrentin der Kantonesen, hätten. Vor dem Long chao shou (»Zum Drachen«), dem berühmten Snackparadies der Provinzhauptstadt Chengdu, ist es beispielsweise nichts Ungewöhnliches, jemanden ein mit Schweinefleisch und jeder Menge Chilis zubereitetes Nudelgericht namens *Dan dan mian* mitten auf der Straße essen zu sehen. Beliebt sind auch Eieromeletts mit Fleischfüllung, Fleischknödel und sogenannte Perlkugeln, ein Gebäck aus Glutenreisteig. Schließlich müssen auch noch die *Chengdu Huntuns* erwähnt werden, die in Europa eher als Wan Tans bekannt sind und in einer pikanten Sauce serviert werden, die so scharf ist, daß kaum ein Europäer sie jemals essen würde.

Hunan – Zwischen Ingwer und Chili

Die Provinz Hunan wird in China auch »die Heimat von Fisch und Reis« oder kurz »die tiefste Reisschüssel Chinas« genannt. Populär geworden ist Hunan vor allem als Heimat Mao Tsetungs. Eine gute Ernte in Hunan gilt – wohl nicht zuletzt deshalb – bis heute als Indikator für ein wirtschaftlich gutes Jahr in ganz China. Was den Stil der Hunan-Küche betrifft, so ist sie der benachbarten Sichuan-Küche ähnlich, nur wird hier zuweilen noch etwas verwegener gewürzt. Als typische Spezialitäten der Provinzhauptstadt Chansha gelten Huhn in Chilisauce, geschabter Rindermagen und ein Ingwerhuhn, das wie die meisten Hunan-Gerichte, in reichlich Öl zubereitet wird.

Yunnan – Schinken und Schwalben

Wenn Sie sich in den Straßen der Provinzhauptstadt Kunming plötzlich ins italienische San Daniele versetzt fühlen, so ist das kein Zufall. Sie sind hier nämlich in der Metropole des berühmten Yunnan-Schinkens gelandet. Als eine der besten Marken gilt der Xuanwei-Schinken, der schon seit Jahrhunderten über die Märkte von Singapur und Hongkong in alle Welt verkauft wird. Doch das kulinarische Angebot Yunnans endet keineswegs beim Beinschinken. Immerhin hält sich Kunming, wo sich auch eine alte Teehaus-Kultur erhalten hat, zugute, eine der berühmtesten Kochschulen Chinas zu beherbergen. Eine ihrer bedeutendsten Kreationen sind die *Yunnan Guoqiao Mixian Fandian*, zu deutsch: Brücke-über-den-Fluß-Nudeln, die mit Fleisch und Pilzen zubereitet werden. Auch Ente mit Walnußfüllung steht häufig auf dem Speiseplan. In der Provinz Yunnan liegt übrigens auch die etwa 200 Kilometer von Kunming entfernte Schwalbenhöhle, in der Schwalben aus ganz Südostasien ihre unter chinesischen Feinschmeckern – Stichwort: Schwalbennestersuppe – heißbegehrten Nester bauen.

Liebhaber des Deftigen und Kräftigen kommen in dieser schwersten aller chinesischen Provinzküchen voll und ganz auf ihre Rechnung, da sie in vieler Hinsicht das genaue Gegenteil ihrer viel eleganteren Nachbarküche von Guandong ist. Die Chiuchow-Köche brutzeln und schmurgeln nämlich ohne Rücksicht auf Kalorien und mit höchstem Bedacht auf Reichhaltigkeit und Üppigkeit, weshalb man sie auch gerne die »Sizilianer unter den Chinesen« nennt. Die zahlreich vorhandenen Gänse werden hier beispielsweise durchweg im eigenen Blut verkocht. Fritiertes wird favorisiert, und mitunter schlagen auch indonesische Gewürzkomponenten als Erinnerung an frühere Raub- und Beutezüge zu den südlichen Nachbarinseln durch. Auch die Nudeln haben einen leichten Beigeschmack von Zucker und Essig. Die berühmte Schwalbennestersuppe kommt hier vor allem in ihrer süßen Variation auf den Tisch.

Chiuchow – Eine Küche für gute Mägen

Das kalte Klima, das aus der mongolischen Wüste herüberschlägt, läßt sich in der Küche der chinesischen Hauptstadt sogar schmecken. Die kalten Winde sind es nämlich, in denen die Peking-Enten während des mehrtägigen Trocknens ihre später so knusprige Haut gewinnen. Im Gegensatz zu anderen Provinzen war das Land um Peking niemals fruchtbar, und vieles muß bis heute für teures Geld eingeführt werden. Manches – wie etwa das Grillen und der Feuertopf – wurde von den Mongolen übernommen. Selbst die berühmte Peking-Ente, die freilich weniger in den Garküchen als in speziellen Enten-Restaurants zubereitet und serviert wird, ist ein Erbe von Dschingis-Khans wildem Reitervolk. Im übrigen ist die Peking-Küche für ihre Wintergerichte wie Hammelfleisch mit Schalotten oder Suppe mit *Tianjin*-Kohl berühmt. Im Gegensatz zum Süden werden hier weniger Gemüse als Getreideprodukte, vor allem in Form von Nudeln und Pfannkuchen, angeboten. Als besondere Delikatessen gelten süße Desserts wie Honigapfel und Kastanienpüree. Die Dim-Sum-Küche ist in Nordchina vor allem in ihrer süßen Variante – den sogenannten *dian xin* – populär.

Garküchen braucht man in den *Hutongs*, den kleinen Gassen der chinesischen Hauptstadt, nicht lange zu suchen. Man findet sie beispielsweise rund um den Xidan-Markt, wo *Jiaozi* (Maultaschen in Essig und Sojasauce) und *Baozi* (gefüllte Dampfnudelklößchen) zu den Standardgerichten zählen. Einige Garküchen finden sich auch am Platz des Himmlischen Friedens. Größer ist die Auswahl an den Straßenmärkten im Seen-Distrikt Shichahai am Nordtor des Beihai Parks oder in der Donghuamen Street am Osttor zur Verbotenen Stadt. Berühmt ist auch der Night Market in der Dongsi Street.

Peking – Mehr als nur eine Ente wert

Andere Küchen – Andere Sitten

Je tiefer man von den westlich beeinflußten Metropolen in entlegenere Provinzen vordringt, desto eher kann man darauf hoffen (oder muß, je nach individueller Kühnheit, befürchten), dort auf ausgefallene Spezialitäten und ausgetüftelte Zubereitungsarten zu stoßen, die europäischen Gaumen auch oft genug ein »Buch mit sieben Siegeln« sind.

Nur sehr Neugierige sind in solchen Fällen gut beraten, stets nachzufragen, was ihnen da gerade serviert wird. Mitunter kann nämlich selbst das wohlschmeckendste Gericht einen etwas unangenehmen Nachgeschmack hinterlassen, wenn sich nach intensiver Recherche (oder dem Nachschlagen in einem Wörterbuch) herausstellt, daß die vermeintlichen kulinarischen Juwelen, an denen man sich da gerade bei blendendem Appetit gelabt hat, in Wahrheit Kröteneier, Hundepfoten, Rattenbrüstchen oder Schildkrötenfüße waren.

Wie dem auch sein mag: Garküchen-Reisende tun gut daran, ihrem Gaumen zumindest ein gewisses Quentchen Abenteuerlust zu erhalten. Vor allem aber sollte man sich über die oft recht unterschiedlichen Ernährungsgewohnheiten in den einzelnen Ländern und Landstrichen des Orients rechtzeitig informieren. Eine »chinesische Küche« ist und bleibt ebenso eine Schimäre wie eine »italienische« oder »französische« Küche. Da wie dort sind es ungezählte Einflüsse unterschiedlichster Provinzküchen, die sich wie Puzzlesteine zu einem bunten und facettenreichen Gesamterlebnis zusammenfügen, das man mit Gaumen, Augen und Chop-Sticks genießen sollte.

Vor allem aber sollte man sich mit einem abfinden: Mit der aus München, Düsseldorf, Zürich oder Wien vertrauten Küche des »Chinesen um die Ecke« hat das, was einen beim »Food-Stall-Hopping« durch Asiens kulinarischste Landstriche erwartet, für gewöhnlich nicht das geringste zu tun.

Rezepte

und kulinarische Anmerkungen

Wie wichtig den Chinesen die Kultur ihrer kleinen Snacks ist, zeigt die klassische chinesische Speiseneinteilung. Sie unterscheidet nicht wie bei uns Vorspeisen, Hauptgerichte und Desserts, sondern *Fan* (Getreidegerichte), *Cai* (Fleisch-, Fisch- und Gemüsegerichte) und *Xiao chi* (kleine Schnellimbisse).

Was bedeutet Snack auf chinesisch?

Kleines Dim-Sum-Lexikon

Baozi	– mit Garnelen und Fleisch gefüllte Dampfnudelklößchen
Chashai bao	– süße Hefeteigbrötchen mit Schweinefleischfüllung
Har Kao	– Teigtäschchen aus Reisteig, meist mit Garnelenfüllung
Jiaozi	– gedämpfte oder gebratene Maultaschen mit Fleischfüllung
Juat do	– metallener Klößchenformer, Grundwerkzeug der Dim-Sum-Küche
Ngau tao	– gedämpfte Kutteln
Niurou shaomai	– Dampfbrötchen mit Schweine-, Rinder- und Ingwerfüllung
Pau	– gedämpfte Brötchen
Roumo shaobing	– gedämpfte oder fritierte Sesambrötchen mit Fleischfüllung
Sala pau	– mit süßem Schweinefleisch gefüllte Dampfbrötchen
Siu mai	– Teigtäschchen mit Füllung aus Hühnerbrust, Selchfleisch und Frühlingszwiebeln, wobei ein Teil der Füllung vom Teig freibleibt
Wan tan	– Teigtäschchen aus der Sichuan-Küche mit Garnelen- oder Fleischfüllung, als Suppeneinlage, gedämpft oder fritiert serviert
Xiao si	– zarte Teighülle mit zartwürziger Fleischfüllung (benannt nach der alten Kaiserstadt Xian)
Xiao wotou	– Dampfbrötchen aus Maismehl
Yum cha	– Dim Sum essen gehen

Aus einer Dim-Sum-Speisekarte

In China gibt es Dim-Sum-Restaurants, die sich rühmen, schon Hunderte, ja Tausende Dim-Sum-Spezialitäten erfunden zu haben. Dabei handelt es sich keineswegs immer nur um Klößchen und Bällchen, sondern oft auch um Kreativeres, das so manchen europäischen Sternekoch vor Neid erblassen lassen könnte. Einige Beispiele gefällig? – Haifischflossentäschchen mit Koriander, gedämpfte Phönixkrallen (Hühnerfüße), gegrilltes Schweinefleisch mit Austernsauce, gedämpfter Klebreis mit Hühnerfleisch in Seerosenblättern, gebackene Bohnenblätterrollen mit Krabben und Gemüse, gebratener Rettichkuchen, gebackene Seetang-Rollen, Tintenfischblätter, Wachteleier-Täschchen, geröstete Ententaschen, gedämpfte Reisteigpfannkuchen mit gegrilltem Schweinefleisch in Honig, Scampi-Röllchen im Reismehlteig, gebratener Taschenkrebs, Krebszangen mit Krabbenfleischfülle, Seefrüchte im Taro-Netz und vieles mehr.

Essen und Trinken ist in China Kommunikation und Ökonomie, Medizin und Religion, Alltag und Fest, Arbeit und Zeitvertreib zugleich.

Glasklare Kaisertaschen
Har kao

Für 20 Stück

Für den Teig:

160 g Reismehl
20 g Kartoffelstärkemehl
40 ml heißes Wasser

Für die Füllung:

250 g Scampi
50 g Bambussprossen
1 TL Salz
16 g Zucker
8 g gekörnte Brühe
(Suppenwürfel)
Sesamöl
10 g Schweineschmalz

Das Reismehl und das Kartoffelstärkemehl in einem Topf mit dem heißen Wasser schnell durchrühren und mit den Händen zu einem geschmeidigen Reisteig durchkneten.

Für die Füllung die Scampi und die Bambussprossen in kleine Stücke schneiden und mit Salz, Zucker, Brühe und etwas Sesamöl würzen. Mit dem Schweineschmalz zu einer klebrigen Masse verrühren.

Den Teig zu einer Rolle formen und in 20 gleich große Stücke teilen. Die Stücke zu Bällchen formen und jedes auf einer bemehlten Fläche zu einem runden Teigfladen von etwa 8 Zentimeter Durchmesser ausrollen.

Von der Füllung jeweils 1 Eßlöffel in die Mitte des Teigfladens setzen. Den Teig hochklappen, oben zusammendrücken und abdrehen.

Jeweils 3–6 Kaisertaschen auf den Einsatz des Bambuskörbchens setzen und in einem großen, gut verschlossenen Topf etwa 8 Minuten bei größerer Hitze dämpfen. (Statt des Bambuskörbchens kann man selbstverständlich auch einen Dämpfer mit Edelstahl-Einsatz verwenden.)

Ein Tip für Eilige: Teige für Dim-Sum-Spezialitäten gibt es in jedem Fernost-Fachgeschäft auch vorgefertigt, entweder in Form von Fertigteigtaschen oder leicht zu verarbeitendem Instantmehl.

Die Chinesen essen nicht in sondern um bei guter Gesundheit Alter zu

Bärlauchtaschen
Tsing Tao

Das Reismehl und das Kartoffelstärkemehl in einem Topf mit dem heißen Wasser schnell durchrühren und mit den Händen zu einem geschmeidigen Reisteig durchkneten.

Für die Füllung den Bärlauch fein hacken, etwa 1 Minute in heißem Wasser pochieren und trocknen lassen.

Die kleingehackten Shrimps und das Schweinefleisch mit den übrigen Zutaten gut verrühren und den Bärlauch untermischen.

Den Teig zu einer Rolle formen und in 20 gleich große Stücke teilen. Diese zu Bällchen formen und jedes auf einer bemehlten Fläche zu einem runden Teigfladen von etwa 8 Zentimeter Durchmesser ausrollen.

Dann jeweils 1 Eßlöffel der Bärlauchfüllung in die Mitte des Teigfladens setzen, den Teig hochklappen, oben zusammendrücken und abdrehen. Die Bärlauchtaschen bei größerer Hitze 8 Minuten dämpfen.

Für 20 Stück

Für den Teig:

160 g Reismehl
20 g Kartoffelstärkemehl
40 ml heißes Wasser

Für die Füllung:

640 g frischer Bärlauch
200 g Shrimps, klein-
    gehackt
240 g Schweinefleisch,
    kleingehackt
6 g gekörnte Brühe
    (Suppenwürfel)
8 g Kartoffelstärke
1 TL Zucker
1 TL Salz
20 g Schmalz
etwas Sesamöl
Chilisauce

erster Linie, um zu genießen, und kräftiger Potenz ein hohes erreichen.

Garnelenbällchen

Für 4 Personen

600 g geschälte Garnelen-
schwänze
200 g gut durchwachse-
ner Bauchspeck
2 Wasserkastanien
4 Eier
1 Messerspitze Salz
1 Schuß Shaohsing (Reis-
wein oder Sherry)
1 Messerspitze Glutamat
(ersatzweise gekörnte
Brühe)
2 EL Stärkemehl
1 Messerspitze Sichuan-
Pfeffer (ersatzweise
Chilipfeffer)
1 l Erdnußöl
Chilisauce und Sojasauce
nach Belieben

Die Garnelen, den Bauchspeck und die Wasserkastanien klein-hacken, mit Eiern, Sichuan-Pfeffer, Salz, Wein, Glutamat und Stärke-mehl gut vermischen und daraus feste Klößchen formen. Sind die Klößchen nicht fest genug, noch etwas Stärkemehl hinzufügen.

In einem Wok (oder einer gußeisernen Pfanne) das Öl erhitzen und die Klöße bei großer Hitze schwimmend ausbacken, bis sie goldgelb sind. Damit sich die Garnelenbällchen nicht am Pfannenboden fest-setzen, sollten sie ständig in Bewegung gehalten werden.

Mit einem Dip aus Chilisauce und Sojasauce servieren.

Ist man hungrig, schmeckt Schrot so süß wie Honig; ist man satt, schmeckt selbst Honig nicht süß.

Siumai mit Krebsen und Schweinefleisch

Für die Füllung das Schweinefleisch durch den Fleischwolf drehen, sämtliche anderen Zutaten zu einer klebrigen Masse verrühren.

Aus dem Nudelteig 20 kreisrunde Stücke mit einem Durchmesser von 8 Zentimetern ausschneiden. Jeweils 1 Eßlöffel der Füllung darauf setzen, zu Täschchen formen und 10 Minuten im gut verschlossenen Bambuseinsatz dämpfen.

Für 20 Stück

Nudeltaschenteig (vorzugsweise Wan Tan Skins) aus dem China- oder Fernostladen

Für die Füllung:

280 g Schweinefleisch
120 g Speck, kleingeschnitten
240 g Shrimps, kleingeschnitten
120 g Krebsfleisch, eventuell aus der Dose, kleingeschnitten
1 EL chinesische Pilze, kleingehackt
8 g gekörnte Brühe (Suppenwürfel)
12 g Zucker
1 gestrichener TL Salz

Der Traum der Witwe Cixi

Nicht alle Dim-Sum-Legenden sind Hunderte von Jahren alt. Eine der jüngeren stammt aus dem vorigen Jahrhundert und erzählt von der Kaiserin-Witwe Cixi (1835–1908), die eines Nachts von einem Sesambrötchen namens Shaobing träumte, das damals schon ein beliebter Happen zum Tee war. Im Traum erschien es ihr freilich doppelt köstlich, weil es ihr mit einer äußerst delikaten Fleischfüllung kredenzt wurde. Als die kaiserliche Witwe aufwachte, fand sie genau dieses Brötchen auf ihrem Frühstückstisch vor, und es mundete ebenso delikat wie in ihrem Traum. Der Bäcker wurde mit einer Pfauenfeder und jeder Menge Silbermünzen belohnt, und die gefüllten *Roumo shaobing* zählen bis heute zu den Klassikern der Dim-Sum-Küche.

Garnelen mit Mais und Champignons auf Feigenblatt

Für 4 Personen

500 g Garnelen
100 g Frühlingszwiebeln, in Ringe geschnitten
100 g Champignons, in Scheiben geschnitten
100 g junge Maiskolben, aus der Dose
2 frische rote Chilischoten
1 rote Paprikaschote, in Würfel geschnitten
3 Knoblauchzehen, fein gehackt
1 EL Reiswein
1 EL wilder Reis
250 g weißer Reis
Erdnußöl
4 Feigenblätter

Für die Sauce:

$^{1}/_{2}$ TL Salz
2 TL Zucker
1 TL heller Essig
$^{1}/_{4}$ TL weißer Pfeffer
1 TL Sesamöl
2 EL Hühnerbrühe
1 TL Maisstärke
1 EL helle Sojasauce
4 EL Erdnußöl

Die Garnelen putzen und Darm und Kopf entfernen.

Den Wok 30 Sekunden erhitzen und 1–2 Eßlöffel Erdnußöl vom Rand her eingießen.

Den wilden und den weißen Reis kochen.

Den Knoblauch, die Frühlingszwiebeln, die Champignons, die Chilischoten, die Paprikaschote und die Maiskolben etwa 1 Minute zusammen pfannenrühren.

Die Garnelen gleichmäßig darauf verteilen und wenden, sobald sie sich rosa färben. Den Reiswein vom Rand her in den Wok geben und etwa 1 Minute gut unterrühren.

In der Mitte der Garnelen-Gemüse-Mischung eine Vertiefung machen und die Zutaten für die Sauce gut verrühren und hineingießen. Alles gut miteinander vermischen und kurz aufkochen lassen.

Den Reis mit der Garnelen-Gemüse-Mischung auf die Feigenblätter geben.

Garnelen
mit Bohnen und Bambus

Für 4 Personen

150 g frische grüne Boh-
  nen
200 g Garnelen, geschält
200 g Bambussprossen,
  aus der Dose
100 g Sojasprossen
3 Frühlingszwiebeln, in
  Streifen geschnitten
2–3 Knoblauchzehen, in
  feine Scheiben gehackt
1 Ingwerwurzel, frisch
  gehackt
5 EL Sonnenblumenöl
2 EL Reiswein
2 EL Sojasauce
3 EL schwarze Bohnen, in
  Salzlake fermentiert
2 TL Chiliöl

Die grünen Bohnen waschen, beide Enden abschneiden und in Stücke von etwa 5 Zentimeter schneiden.

Die Garnelen abspülen, säubern und trocknen. Den Bambus in feine Scheiben schneiden. Die Sojasprossen waschen und abtropfen lassen.

Den Wok 30 Sekunden erhitzen und das Sonnenblumenöl vom Rand her eingießen.

Die Bohnen in den Wok geben und 2–3 Minuten fritieren, bis sie gar sind. Dann die Bohnen herausnehmen und das Öl bis auf 1$\frac{1}{2}$ Eßlöffel abgießen.

Den Ingwer, den Knoblauch, den Bambus und die Frühlingszwiebeln 30 Sekunden pfannenrühren. Den Wein vom Rand her zufügen, die schwarzen Bohnen hinzugeben und alles schnell verrühren.

Dann die Garnelen und Sojasprossen hinzufügen und für etwa 3 Minuten pfannenrühren. Zum Schluß die grünen Bohnen dazugeben, mit Sojasauce abschmecken und alles mit Chiliöl beträufeln.

Karpfen Sichuan

Für 4 Personen

1 Karpfen, küchenfertig
6 EL Sonnenblumenöl
1 große Knoblauchzehe
2 Schalotten oder Früh-
  lingszwiebeln
1 EL gehackte Petersilie
4–5 getrocknete rote Pfefferschoten
200 g eingelegtes Sichuan-
  Gemüse
100 g Bambussprossen
1 EL Sesamöl
Salz

Für die Marinade:

5 EL Sonnenblumenöl
2 EL Reiswein
1 EL Ingwersirup
1 gepreßte Knoblauchzehe
1 EL schwarze Bohnen-
  sauce
1 EL Chilisauce

Für die Sauce:

5 EL Sonnenblumenöl
100 ml obengenannter
  Marinade
3 kleine Zwiebeln
2–3 EL roter Essig
  (Chinaessig)
1–2 EL Sojasauce
1–2 EL Pflaumensauce
2 EL schwarze Bohnen-
  sauce
3 EL Fischbouillon
1 1/2 EL Maisstärke

Den Karpfen unter kaltem Wasser spülen, trocken-tupfen und salzen.

In einer ovalen Schale sämtliche Zutaten für die Marinade ver-mischen und den Fisch darin sorgfäl-tig wenden. Die Schale abdecken und den Fisch etwa eine Stunde darin mari-nieren lassen, aller-dings einmal wenden. Danach den Karpfen herausnehmen und trockentupfen und die Marinade aufbewahren.

Das Öl in einer Fischpfanne erhitzen und den Fisch darin von beiden Seiten schnell anbra-ten und auf einen Teller legen.

2–3 Eßlöffel Öl aus der Pfanne entfernen und dies mit der Marinade sowie dem Se-samöl vermischen.

Den Ofen auf 200 Grad erhitzen.

Die Frühlingszwiebeln in Stücke von etwa 5 Zentimetern schneiden, den Knoblauch und die Bambussprossen in Scheiben schneiden und die roten Pfefferschoten in Stücke brechen.

Den Wok 15 Sekunden erhitzen und das Sesamöl vom Rand her hin-eingießen. Die zuvor genannten Zutaten im Wok 1 Minute anbraten.

Die Zutaten für die Sauce miteinander vermengen und ebenfalls in den Wok geben. Alles pfannenrühren, bis sich die Sauce bindet.

Den Fisch in eine Ofenschale legen, die Filetseiten einkerben und mit Knoblauch und den Frühlingszwiebeln spicken. Die feinge-

hackte Petersilie mit der Sauce über den Fisch geben. Den Fisch in den vorgeheizten Ofen (Mitte) stellen und etwa 45 Minuten garen lassen.

Vor dem Servieren mit dem Sichuan-Gemüse und der Bambusmischung garnieren.

Frühlingsrollen

Die in China *chwun-jywan* (auch: *Chunjuan* oder *Chuen kuen)* genannte Frühlingsrolle hat als Billig-Fast-food aus der Friteuse und als Appetithappen beim Junk-Chinesen in Europa und den USA viel an Prestige verloren. Dabei war sie ursprünglich keineswegs nur ein Appetizer, sondern vielmehr jenes Gericht, mit dem man sich in China und Vietnam – ähnlich wie bei uns mit dem Schweinsrüssel – ins neue Jahr hineinschmaust. Da Neujahr in vielen Ländern des Fernen Ostens zu Frühlingsbeginn gefeiert wird, führt das alte Brauchtumsgebäck also durchaus mit Recht den Lenz in seinem Namen. Die echten Frühlingsrollen unterscheiden sich von ihren meist zwar knusprigen, aber doch oft genug fetttriefenden und mitunter auch recht freudlos gefüllten euro-amerikanischen Verwandten allerdings beträchtlich. Außerdem macht es einen nicht unerheblichen Unterschied aus, ob gerade die vietnamesische oder die chinesische (exakter: kantonesische) Rezeptur zur Anwendung gelangt. In China wird ein rechteckiges Teigstück aus Eiern und Weizenmehl ausgerollt und mit einer Farce aus Schweinefleisch, Zwiebeln, Shrimps, Bambussprossen, aromatisierten Pilzen, Wasserkastanien und Schnittlauch, Ei, Sojasauce, Ingwer, Pfeffer und Shaohsing gefüllt. Die fertigen Rollen backt man schließlich in heißem Öl aus und serviert sie mit Sojasauce, die zuvor mit Knoblauch und Zitrone vermischt wurde. Als Garnitur wird dazu Koriandergrün mit Bohnensprossen gereicht.

Die vietnamesische Frühlingsrolle, kurz *Nem*, benötigt wesentlich weniger Backfett und wird statt mit Schweine- und Krabbenfleisch mit kleingehacktem Hühnerfleisch gefüllt. Ihren unverwechselbaren Geschmack erhält sie allerdings durch die berühmt-berüchtigte Würzsauce *Nuoc-mam*, was wörtlich übersetzt soviel wie Fischwasser bedeutet. Tatsächlich handelt es sich dabei auch um eine Paste aus in Salzwasser marinierten kleinen Fischen, die auch entsprechend intensiv riecht (nicht wenige sagen: stinkt) und würzig schmeckt.

Gebackene Shrimpsbrötchen

Die Schalotten gemeinsam mit den Bambussprossen, den Wasserkastanien, den Shrimps, dem Ei und dem Shaohsing in einem Mörser (leichter geht´s in einem Cutter) zerkleinern. Unzerkleinerte Bambusstücke, wenn nötig, mit einer Teigkarte vom Cutterrand nach unten schaben und mit der übrigen Masse noch einmal zerkleinern.

Die Toastbrotscheiben entrinden und in 4 Dreiecke schneiden. Die Schnitten mit einer etwa fingerdicken Schicht der Shrimps-Bambus-Farce bestreichen, nebeneinanderlegen und so dicht mit Sesam- bzw. Leinsamenkörnern bestreuen, daß die ganze Oberfläche davon bedeckt ist.

In einer Friteuse oder einer hochwandigen Pfanne ausreichend Öl erhitzen und die Shrimps-Brötchen mit der bestrichenen Seite nach unten hineinlegen und ausbacken, bis sie goldgelb und knusprig sind.

Auf dem Teller mit einem kleinen Schälchen chinesischer Hoisin- oder Barbecue-Sauce anrichten.

Für 4 Personen

2 Schalotten (ersatzweise
    1 kleine Zwiebel)
40 g Bambussprossen
40 g Wasserkastanien
250 g geschälte und kurz
    überbrühte Shrimps
    (kann auch aufgetaute
    Tiefkühlware sein)
1 Ei
4 cl Shaohsing (ersatz-
    weise trockener Sherry)
10 Toastbrotscheiben
Sesam- oder Leinsamen-
    körner zum Panieren
Maiskeim- oder Ernußöl
    zum Fritieren
chinesische Hoisin- oder
    Barbecue-Sauce

Auch der vollendet gemalte Kuchen läßt sich nicht essen.

Gedämpfte Hühnerflügel

Für 4 Personen

12 Hühnerflügel
1 EL Maisstärke
12 Scheiben Ingwer
12 Frühlingszwiebeln

Für die Marinade:

2 getrocknete Chili-
schoten, fein gehackt
4 mittelgroße Knoblauch-
zehen, fein gehackt
1 EL Hoisin-Sauce
2 EL dunkle Sojasauce
1 TL Honig
40 ml Shaohsing (ersatz-
weise Sherry)

Die Spitze der Hühnerflügel abtrennen und an jedem Flügel einen kräftigen Einschnitt am Gelenk machen. Die Hühnerflügel mit Maisstärke bestäuben, in eine flache Schüssel legen und anschließend mit der gut durchmischten Marinade übergießen. Während der Marinierzeit von 2–3 Stunden mehrmals wenden.

Nachdem man die Hühnerflügel aus der Marinade entfernt hat, jeweils drei Hühnerflügel auf einer kleinen Porzellanuntertasse mit stiftelig geschnittenen Frühlingszwiebeln und Ingwerscheibe anrichten.

Die übriggebliebene Marinade gleichmäßig über die Portionen verteilen. Die Teller auf einen oder zwei Bambusdämpfeinsätze (je nach Größe) verteilen und gut mit dem Bambusdeckel verschließen. Den Dämpfeinsatz im Wok über kochendem Wasser postieren und bei mittlerer Hitze etwa 15 Minuten dämpfen lassen. Die fertigen Hühnerflügel im Bambuskörbchen servieren.

Um ein Huhn zu zerlegen, ist kein Ochsenmesser nötig.

74

Tips für Dips

Kaum ein fernöstliches Gericht kann so perfekt sein, daß es nicht noch das eine oder andere an der Seite bräuchte. Gemeint sind dabei aber keineswegs Beilagen, sondern Dips, Pickles und Saucen, von denen es eine große Vielfalt gibt. Im folgenden die wichtigsten, nach dem Motto: Wer niemals dippt, nippt falsch!

Austernsauce
Obwohl aus getrockneten Austern zubereitet, harmoniert die pikant-aromatische Sauce hervorragend mit Fleisch, beispielsweise mit Schweinefleisch in Hefeteigklößchen aus der Dim-Sum-Küche.

Chiliöl
Zerkleinerte und getrocknete Chilischoten werden zunächst in heißem Öl geröstet und kalt serviert; sehr scharf.

Fermentierte Bohnensauce
Getrocknete und kleingehackte schwarze Bohnen werden mit Knoblauch und Chili gekocht und in Salzlake gelagert.

Fischsauce (Yulu)
Aus dem Eiweiß verschiedener Fischsorten gewonnene Würzsauce von orangeroter Farbe, wird ähnlich wie Sojasauce verwendet.

Garnelensauce
Der stechende Fischgeschmack dieser aus getrockneten und gesalzenen Fischen und Meeresfrüchten in Fässern vergorenen und anschließend zu Paste verarbeiteten Sauce ist nicht jedermanns Sache, aber von Thailand über Vietnam bis China eine der populärsten Würz- und Dipsaucen.

Hoisin-Sauce
Sie zählt zu den beliebtesten Würzsaucen (zum Beispiel bei Barbecue-Gerichten und Fischen) und wird aus Sojabohnen, Zucker, Knoblauch, Essig und verschiedenen Gewürzen hergestellt.

Pflaumensauce
Süßsaure Würzsauce aus Pflaumen und Aprikosen, die mit Essig, Salz und Zucker eingekocht werden. Klassische Begleiterin der Peking-Ente und beliebte Dipsauce in der Dim-Sum-Küche.

Sesampaste
In vielen Ländern des Nahen und Fernen Ostens bekannter Geschmacksträger; wird in China mit Sojasauce und Zitronensaft vermengt, als Dipsauce verwendet.

Sojasauce (Jiangyou)
Die panasiatische Allzwecksauce hat viele Gesichter, natürlich gebraute ebenso wie industriell hergestellte. Im allgemeinen unterscheidet man bei der aus der Vergärung von Sojabrei hergestellten Standardsauce jedoch zwischen heller und durchsichtiger (Shengchou jiangyou) und dunkler, intensiver Sojasauce (Laochou jiangyou).

Süße Bohnenpaste (Tianmianjiang)
Rötlichbraune Paste aus mit Wasser vergorenem Sojabohnenmehl von eher süßlichem Geschmack.

Rindfleisch mit Paprika und Strohpilzen

200 g Strohpilze aus der Dose
500 g mageres Rind-fleisch, in max. 1¹/₂ cm dicke Scheiben geschnit-ten
je 1 große rote, gelbe und grüne Paprikaschote, in Stücke geschnitten
2 Zwiebeln, in Ringe geschnitten
1 Ingwerwurzel, fein gehackt
3 Knoblauchzehen, in Scheiben geschnitten
5 EL Sonnenblumenöl
1¹/₂ EL dunkle Sojasauce
1 EL helle Sojasauce
3 EL Reiswein
¹/₂ TL Essig
3 EL Gemüse- oder Hühnerbouillon
1 EL Maisstärke
Salz, schwarzer Pfeffer

Das Rindfleisch mit der Maisstärke bestäuben.

Den Wok 30 Sekunden erhitzen und das Sonnenblumenöl vom Rand her eingießen.

Die Paprikastücke und Zwiebelringe 2 Minuten pfannenrühren, herausnehmen und warm halten.

Dann Knoblauch, Ingwer und das Rindfleisch 2 Minuten pfannen-rühren.

Die Sojasauce, Reiswein, Essig und Bouillon hinzufügen sowie Paprika und Strohpilze unterrühren. Nach Geschmack noch salzen und pfeffern.

Sesamrindfleisch

Für 4 Personen

*600 g mageres Rindfleisch
aus dem Zwischenrip-
penstück*

*6 cl Shaohsing (ersatz-
weise Sherry)*

2 EL helle Sojasauce

1 Messerspitze Salz

*1 Bund Frühlings-
zwiebeln*

1 Ingwerknolle

2 EL Maisstärke

$^{1}/_{2}$ l Erdnußöl

$^{1}/_{2}$ l Fleischbrühe

1 EL Honig

2 cl Sesamöl

*1 Messerspitze Sichuan-
Pfeffer (ersatzweise
Chilipfeffer)*

*2 feingeschrotete Chili-
schoten*

*1 Messerspitze Glutamat
(ersatzweise gekörnte
Brühe)*

150 g Sesamkörner

Den Ingwer in Scheiben und die Frühlingszwiebeln in Streifen schneiden, jeweils die Hälfte davon beiseite stellen. Den Rest mit 2 Zentiliter Shaohsing, Salz und Sojasauce zu einer Marinade verarbeiten.

Das Fleisch in hauchdünne Streifen schneiden, in die vorbereitete Marinade legen und darin etwa 2 Stunden ziehen lassen. Die Fleischstreifen herausnehmen, mit Küchenkrepp trockentupfen und mit Maisstärke bestäuben.

In einer gußeisernen Pfanne (Wok) das Erdnußöl erhitzen und die Fleischstreifen etwa 1 Minute fritieren, bis sie knusprig und wie Chips gewölbt sind. Die Fleischstreifen aus dem Öl nehmen und das Fritieröl bis auf einen winzigen Rest abgießen. Darin den Rest der Frühlingszwiebeln und den Ingwer Farbe annehmen lassen und mit den restlichen 4 Zentiliter Shaohsing aufgießen. Den Shaohsing einkochen, bis fast die ganze Flüssigkeit verkocht ist. Mit der Fleischbrühe aufgießen, den Honig hinzufügen, und die Flüssigkeit abermals reduzieren, bis die Sauce so dick ist, daß sie trotz ständigen Rührens fast am Pfannenboden kleben bleibt.

Die Frühlingszwiebeln und den Ingwer aus der Sauce entfernen, die Pfanne vom Feuer nehmen und das Sesamöl, den Sichuan-Pfeffer, die geschroteten Chilischoten und das Glutamat einrühren. Die Fleischstreifen dazugeben und kurz durchziehen lassen. Das Fleisch mit Sesamkörnern bestreuen und heiß servieren.

Ein Tip: Wenn Sie die Rindfleisch- durch Entenbruststreifen ersetzen, schmeckt dieses Rezept ebenfalls hervorragend.

Teehaus in Shanghai mit klassischer Operndarbietung

Teehäuser

Teehäuser sind in China schon seit dem 12. Jahrhundert bekannt, und es gibt sie bis heute. Hier werden unterschiedliche Teesorten verkostet, zwischen malerischen Blumenarrangements und alten chinesischen Gemälden Gedichte rezitiert, Chinaopern aufgeführt oder auch religiöse und philosophische Texte vorgelesen. Spätestens seit dem 17. Jahrhundert ist es in den Teehäusern jedoch auch üblich, zum Tee kleine, *Shaobing* genannte Pastetchen, Kuchenstücke und gefüllte Klößchen zu reichen, genau das also, was man mittlerweile als Dim Sum bezeichnet. Die ursprünglich recht elitären Teehäuser gewannen im Laufe der Zeit an Popularität und waren bald nicht mehr nur der gebildeten Aristokratie und dem Klerus vorbehalten. Heute stehen sie jedem offen und sehen oft wie Vogelgeschäfte aus, weil viele Besucher ihre Papageien – das klassische Haustier des Chinesen – im Käfig ins Teehaus mitbringen und diese, fast wie an der Garderobe, an Haken über den Tischen aufhängen. Die Fama, daß die Chinesen im Ernstfall sogar ihre Papageien zu Dim Sum verarbeiten würden, ist allerdings eine böse Unterstellung.

79

Tee-Eier

Für 8 Stück

8 Eier
70 g Tee
5 Gewürznelken
1 kleine Stange Zimt
3 Sternanisfrüchte
1 Messerspitze Sichuan-
    oder Chilipfeffer
2 EL Sojasauce
1 EL Salz
1 TL Zucker

Ein klassischer kleiner Happen, der – wie der Tee, mit dessen Hilfe er zubereitet wird – zu jeder Tages- und Nachtzeit paßt, sind Tee-Eier, die nicht nur höchst aromatisch munden, sondern aufgrund ihres bestrickenden Netzmusters auch höchst dekorativ aussehen.

Die Eier hart kochen (etwa 10 Minuten) und in kaltem Wasser abkühlen lassen. Das Kochwasser aufbewahren. Ei für Ei mit der Hand umschließen und die Schale unter festem Fingerdruck zerbrechen, ohne daß dabei ein Stück davon absplittert.

Die restlichen Zutaten zum Kochwasser geben, die Eier vorsichtig einlegen und weitere 2 Stunden auf sehr kleiner Flamme ziehen lassen. Sie sollten dabei ganz von der Flüssigkeit bedeckt sein. Dann die Eier wieder herausnehmen, abermals abkühlen lassen und schälen. Klassisch werden sie in Viertel oder Sechstel geteilt und zum Tee gereicht.

Sichuan-Pfeffer

Was der Chilipfeffer für die mexikanische, das ist der auch Blütenpfeffer genannte Sichuan-Pfeffer, dem man nachsagt, er könne Lippen und Zunge betäuben, für die chinesische Küche. Gemeinsam ist ihnen jedoch lediglich die höllische Schärfe. Der auch *Chuanjiao* genannte Pfeffer aus der »scharfen« Küchenprovinz Sichuan wird nämlich aus dem rotbraunen Samen des Gelbholzbaums und keineswegs aus Pfefferschoten gewonnen. Die fanden, seit sie von den Spaniern nach China gebracht wurden, allerdings auch sehr schnell Eingang in einige Provinzküchen und sind heute daraus kaum noch wegzudenken.

Süße Hefeklößchen mit Bohnenpaste

Nicht ganz so groß wie bei den pikanten Dim Sum ist die Vielfalt bei den süßen Klößchen und Bällchen, die man nach dem Essen oder zum Tee reicht. Füllungen wie gesüßte Eidotter, Dattel- und Bohnenpaste spielen dabei eine ebenso große Rolle wie Kokosraspeln, gemahlene Nüsse und Sesamkörner.

Zucker, Wasser und Hefe gut verrühren und an einem warmen Platz etwa 15 Minuten gehen lassen. Mit Backpulver versiebtes Mehl mit Schweineschmalz und der Hefemischung gut durchkneten und daraus (eventuell unter Hinzufügen von ein wenig Wasser) einen geschmeidigen Hefeteig kneten.

Den Teig in einen Topf setzen, mit einem feuchten Tuch abdecken und an einem warmen Ort etwa 2 Stunden gehen lassen, bis sich sein Volumen in etwa verdreifacht hat.

Den Teig und die Bohnenpaste jeweils in 12 Portionen teilen. Die Teigstücke ausrollen, jeweils eine Portion rote Bohnenpaste darauf setzen und daraus runde Klößchen formen. Die Klößchen weitere 45 Minuten an einem warmen Platz aufgehen lassen. Die Klößchen auf jeweils einem Stückchen Backpapier in den Bambuseinsatz setzen und mit fest verschlossenem Deckel 6 Minuten über kochendem Wasser dämpfen.

Für 4 Personen

350 g Mehl
30 g Zucker
5 cl warmes Wasser
10 g Trockenhefe
2 TL Backpulver
1 EL Schweineschmalz
150 g rote Bohnenpaste

Pikante Rippchen

Für 4 Personen

ca. 1 kg fleischige
  Schweinerippchen
1/4 l Erdnußöl
3–4 EL Stärkemehl

Für die Marinade:

1 TL Salz
60 g Kastanienhonig
2 TL Fünf-Gewürze-
  Pulver
1 EL Sojasauce
1 EL Hoisin-Sauce
1/16 l Shaohsing (ersatz-
  weise Sherry)
1 Schuß Reisessig

Für die Sauce:

1 EL kleingehackter
  Knoblauch
1 EL Sojasauce
1 EL Reisessig
1 EL Honig
1/16 l Shaohsing (ersatz-
  weise Sherry)
1 Messerspitze Sichuan-
  Pfeffer

Die Rippen nach dem Knochenverlauf in mundgerechte Stücke zerteilen und mehrere Stunden in der vorbereiteten Marinade (unter häufigem Wenden) ziehen lassen.

Die Rippchen herausnehmen und in Stärkemehl wälzen.

Im Wok das Öl erhitzen und die Rippchen je nach Größe 3–5 Minuten fritieren, aus dem Öl nehmen, mit Küchenkrepp gut trockentupfen und warm stellen. Das Öl im Wok bis auf einen winzigen Rest entleeren und in diesem die Knoblauchstücke ganz kurz anrösten, anschließend mit Sojasauce, Reisessig, Shaohsing und dem Rest der Marinade aufgießen. Den Honig einrühren, mit Sichuan-Pfeffer würzen und die Sauce so lange einreduzieren, bis sie eine sämige Konsistenz hat.

Die Rippenstücke kurz durch die Sauce ziehen und mit dieser gemeinsam servieren.

Fünf-Gewürze-Pulver

Gottlob gibt es dieses schlaue Pülverchen auch bei uns jetzt schon im Fernostladen. Denn es ist einerseits ein unverzichtbares Vademecum für viele chinesische Gerichte, und es erfordert andererseits einige Mühe, es selbst herzustellen: Man benötigt dafür Sternanis, Kassiarinde, Sichuan-Pfeffer, Fenchelsamen und Nelken, die man mit Salz mischt, das zuvor in einer Pfanne geröstet wurde.

Kutteln mit Ingwer und Koriandergrün

Die Kutteln weich kochen (etwa 2 Stunden), von Fetträndern und unsauberen Stellen befreien und in längliche Streifen schneiden.

Vom Koriandergrün die Blätter abzupfen und gemeinsam mit den zarten Teilen der Stiele kleinhacken.

Die Paprikaschote in hauchdünne Streifen schneiden. Die Paprikastreifen in heißem Erdnußöl kurz anbraten, ohne sie schwarz werden zu lassen.

Die Kutteln und den Ingwer dazugeben und etwa 30 Sekunden mitbraten. Mit Shaohsing und Wasser ablöschen und den Honig unterrühren. Die Flüssigkeit nahezu eindampfen lassen, mit Fünf-Gewürze-Pulver, Sichuan-Pfeffer und Salz abschmecken und mit dem frischgehackten Koriander servieren.

Für 4 Personen

600 g küchenfertige
  Kutteln (Kaldaunen)
1 Bund frisches Korian-
  dergrün
1 rote Paprikaschote
2 EL Erdnußöl
1 große Ingwerknolle, in
  hauchdünne Scheiben
  geschnitten
4 cl Shaohsing (ersatz-
  weise Sherry)
4 cl Wasser
1 TL Honig
1 TL Fünf-Gewürze-
  Pulver
1 Messerspitze Sichuan-
  Pfeffer (ersatzweise
  Chilipulver)
Salz

Und was da alles gegessen wird! Schlangen, Bärentatzen, getrocknete oder auch frische Bisamratten, Eidechsen, Geckos, Hunde, Affen, Zibetkatzen und sogar Kakerlaken.

Mie-Nudeln mit Krebsen und Wolkenohrpilzen

Für 4 Personen

250 g Mie-Nudeln
1 l Fischfond (ersatzweise Fleischbrühe)
500 g Krebsschwänze, geschält und kurz pochiert
5 eingeweichte Wolkenohrpilze
1 Schalotte, kleingehackt
1 kleine Ingwerknolle, grob gehackt
1 mittelgroße Knoblauchzehe, zerdrückt
4 EL Chiliöl
4 cl Shaohsing (ersatzweise Sherry)
1 EL Honig
1 TL Austernsauce
1 EL helle Sojasauce
1 EL Maisstärke
1 Messerspitze Sichuan-Pfeffer
1 Messerspitze Glutamat (ersatzweise gekörnte Brühe)

Dieses aus der Sichuan-Küche stammende Gericht wird mit getrockneten Eiernudeln (als Mie-Nudeln im Fernostladen erhältlich) und den sogenannten Wolkenohrpilzen, die auch Judasohren genannt werden, zubereitet. Es handelt sich dabei um die »chinesischen Morcheln«, die auf Holunderholz wachsen und ebenfalls getrocknet im Fachhandel erhältlich sind.

Die Mie-Nudeln in Fisch- oder Fleischbrühe 3–4 Minuten kochen, so daß sie noch bißfest sind. Die verbliebene Brühe beiseite stellen.

Inzwischen die gut geweichten Wolkenohrpilze in schmale Streifen schneiden und gemeinsam mit der Schalotte, dem Knoblauch, dem Ingwer sowie den Krebsschwänzen in Chiliöl kurz anbraten. Dann mit dem Shaohsing sowie etwas von der Brühe aufgießen, Gewürze und Aromaten hinzufügen und kurz reduzieren.

Wenn die Sauce schön sämig ist, die Nudeln hinzufügen und gut mit der Sauce durchmischen. Mit frisch gehacktem Koriandergrün servieren.

Knusprige E-Fu-Nudeln

Was wie eine Abkürzung klingt, ist eines der beliebtesten chinesischen Nudelgerichte und geht auf den Haushalt (Fu) eines Mandarins namens E zurück, in dem sie einst angeblich durch Zufall erfunden wurden. Ein ungeschickter Koch schüttete die Nudeln damals nämlich irrtümlich in siedendes Öl anstatt in heißes Wasser – und war überrascht, wie gut das schmeckte. E-Fu-Nudeln gibt es mittlerweile auch vorgefertigt und in größeren Knäueln abgepackt zu kaufen.

Satay-Spießchen auf Singapur-Art

Hühner-, Rind- und Schweinefleisch in Würfel von etwa 1 Zentimeter Durchmesser schneiden.

Aus gehackten Frühlingszwiebeln, Sojasauce, Honig und Gewürzen eine glatte Marinade anrühren und gut unter das Fleisch mengen. Das Fleisch 1–2 Stunden marinieren.

Die Fleischstücke (entweder gemischt oder nach Fleischsorten geordnet) auf die Spießchen verteilen, wobei die untere Hälfte des Spießchens frei bleiben sollte (pro Spieß reichen 6 Fleischstückchen).

Die Spieße auf einen Grill oder unter eine Grillschlange auf einen Rost legen und je nach Hitze 3–5 Minuten grillen.

Die Satay-Sauce in Schalen gießen und mit den Spießen servieren.

Wenn man die Satay-Sauce mit Kokosmilch vermischt, wird ihr Geschmack runder, aromatischer und weniger scharf.

Ein Tip: Besonders gut munden die Satay-Spießchen, wenn man sie im Freien auf einem Holzkohlengrill zubereitet. In diesem Fall die Spieße nur mit der Fleischseite auf den Grill legen, da sie sonst leicht Feuer fangen.

Für 4 Personen

200 g Hühnerfleisch
200 g mageres Schweine-
  fleisch
200 g Rindfleisch (vom
  Rumpsteak)
3 Frühlingszwiebeln,
  grob gehackt
2 EL helle Sojasauce
2 EL Sesamöl
2 TL Koriander
1 TL Cumin (Kreuzküm-
  mel)
1 TL Kurkuma (Gelb-
  wurz)
1 Messerspitze gemahle-
  ner Zimt
1 Spritzer Zitronensaft
1 TL Salz
1 TL Honig
1 Flasche oder Dose
  Satay-Sauce
1 kleine Dose Kokosmilch
  (fakultativ)
15 kleine Bambus- oder
  Holzspießchen

Die durchsichtigen Nudeln des Sun Bin

Im Grunde war Sun Bin ja nur ein Feldherr, von denen es in der chinesischen Geschichte bekanntlich viele gab. Unsterblich wurde er jedoch vor rund 2000 Jahren nicht durch die Erfindung einer neuen Festungsbautechnik, sondern durch jene der Glasnudeln (*Fensi*). Sun Bin soll nämlich als erster erkannt haben, daß in Wasser eingeweichte grüne Bohnen, wenn man sie anschließend zerstampft, eine sämige, kleisterartige Masse bilden, aus der man dünne Fäden ziehen kann, die dann – an der Sonne getrocknet – zu den ebenso schmackhaften wie durchsichtigen Glasnudeln werden.

Tausendjährige Eier

Sie sind sicherlich nicht tausend, auch nicht hundert und in Wahrheit nicht einmal ein Jahr alt – die legendenumwobenen Eier, von denen man nie so genau weiß, ob sie eigentlich eine Spezialität für Feinschmecker oder doch eher ein ebenso handfestes wie bewährtes Mittel gegen den Morgenkater sind. Fest steht lediglich, daß es sich dabei um Enteneier handelt, die hundert Tage lang mit bestimmten Konservierungsstoffen wie alkalischem Schlamm, Asche, gemahlener Holzkohle oder Salpeter, aber auch mit Reishülsen und Teeblättern in Töpfen gelagert werden, bis der Dotter sahnig, das Eiweiß gallertig und der Geschmack so scharf ist, daß der eingelegte Ingwer, mit dem diese Eier serviert werden, dagegen milde mundet.

Gebratener Reis

Eines der populärsten und einfachsten Garküchenrezepte ist zudem eines der besten. Es schmeckt so gut, daß es sich sogar in der chinesischen Festtagsküche durchgesetzt hat, als abschließenden (!) Gang gebratenen Reis zu servieren, in dem sich dann unter anderem Fleischstücke von jenem Spanferkel oder der Ente wiederfinden, von denen man zu Beginn des Menüs nur die knusprige Kruste serviert hat.

Den Reis gut durchspülen und gemeinsam mit dem Wasser in einem Topf zum Kochen bringen. Den Topf verschließen, Hitze reduzieren und etwa 20 Minuten ziehen lassen, bis alle Flüssigkeit verdampft ist. Den Reis mindestens einen Tag stehenlassen. (Am besten eignen sich für dieses Gericht daher Reisreste vom Vortag.)

Die Krabben in etwas Salz und Speisesoda wälzen und ein paar Minuten durchziehen lassen.

In der Zwischenzeit in einer Pfanne oder einem Wok das Öl erhitzen und die Frühlingszwiebeln darin leicht anschwitzen, ohne daß sie braun werden. Jetzt nacheinander den Schinken, die Fleischreste, die Krabben, die Erbsen, die Möhren und die Pilze hinzufügen und bei mittlerer Hitze jeweils kurz anziehen lassen.

Die beiden Eier verquirlen und in die Fleisch-Gemüse-Mischung rühren, bis sie gestockt sind. Jetzt erst den Reis dazugeben und gemeinsam mit den übrigen Zutaten unter ständigem Rühren 1–2 Minuten braten.

Austernsauce und Sojasauce vermischen und gut mit dem Reis vermengen. Heiß servieren.

Für 4 Personen

250 g Kleb- oder Basmatireis
$^1/_2$ l Wasser
Salz nach Belieben
2 EL Öl
100 g kleine Krabben, ausgepult und pochiert
1 Messerspitze Speisesoda
3 Frühlingszwiebeln, kleingehackt
150 g gekochter Beinschinken, in kleine Würfel geschnitten
150 g gebratene Fleischreste, in Streifen geschnitten (Ente, Huhn oder Schweinefleisch)
2 Eier
1 kleine Packung tiefgekühlte Erbsen, kurz pochiert
2 Möhren, kleingehackt und knackig gekocht
1 EL eingelegte chinesische Pilze, kleingehackt
1 EL helle Sojasauce
1 EL Austernsauce

Reis mit Schweinefleisch im Bambusblatt

Für 4 Personen

8–10 eingeweichte
   Bambusblätter
1 EL Sesamöl
80 g Reismehl
2 EL kochendes Wasser
2 EL kaltes Wasser

Für die Füllung:

100 g mageres Schweine-
   gehacktes
1–2 Knoblauchzehen, fein
   gehackt
1 EL Schmalz
2 EL helle Sojasauce
60 g Klebreis
je 1 Messerspitze Salz und
   Pfeffer
1/4 TL Fünf-Gewürze-
   Pulver

Den Reis nach Anweisung auf der Verpackung kochen und abkühlen lassen.

Das Reismehl in eine Schüssel geben, eine Mulde machen, in die das kochende und kalte Wasser gegossen wird, zu einem weichen Teig verkneten. Den Teig zu einer Rolle von etwa 5 Zentimeter Durchmesser formen und daraus 8–10 Scheiben schneiden.

Die eingeweichten Bambusblätter abtropfen lassen, abtrocknen und an den Innenkanten mit Öl bestreichen.

Das Schweinegehackte mit dem Knoblauch vermengen.

In einer Pfanne das Schmalz erhitzen und darin das Gehackte anbraten. Den Reis, die Sojasauce, Salz, Pfeffer und das Fünf-Gewürze-Pulver hinzufügen. Alles so lange braten, bis die Masse trocken ist, dann abkühlen lassen.

Die Teigscheiben ausrollen und in die Mitte 2 Eßlöffel der Fleisch-Reis-Füllung geben. Die Ränder mit Wasser befeuchten und festdrücken, dann kleine Pyramiden daraus formen. Diese in den Bambusblättern einwickeln und mit Küchengarn zubinden. In einem Dampftopf 12–15 Minuten garen lassen.

Vielseitiger Klebreis

Ohne Klebreis (*No may*) läuft nichts in der Garküche der kleinen Genüsse. Hinter dem nicht besonders appetitlich klingenden Wort verbirgt sich nämlich eine Reisart mit sehr hohem Stärkeanteil, deren Körner beim Kochen zusammenkleben und sich daher mit Stäbchen leicht aufnehmen lassen. Klebreis spielt seine Stärke jedoch keineswegs nur bei Reisgerichten aus, sondern ist auch die Grundlage von zahlreichen Teigen der Dim-Sum-Küche, hauchdünnen Vermicelli-Nudeln, Puddingen und anderen Süßspeisen. Auch Reiswein wird auf der Grundlage von fermentiertem Klebreis gebraut (und keineswegs gekeltert).

Congee, das chinesische Frühstück

In China wird heute noch gerne auf der Straße gefrühstückt. Es gibt kaum eine Garküche, die in den Morgenstunden nicht ein duftendes *Congee*, auch *Juk* genannt, bereithielte – das ist nichts anderes als eine heiße Schale mit dicklichem Klebreisbrei, die man, entweder pur oder mit Fleisch-, Innereien-, Schinken- und Fischstückchen, Ingwer oder hundertjährigen Eiern angereichert, mit Hilfe eines kleinen Porzellanlöffels ausschlürft.

Auch eine geschickte Frau kann keine Reissuppe ohne Reis machen.

Schmackhafter Lotus

Während die Lotusblume ein Symbol der Schönheit ist, sind jene Teile, die nicht blühen, in China ein Symbol des Wohlgeschmacks. Die Lotuswurzel ist eine höchst vielseitige Zutat für Füllungen, Saucen und Suppen aller Art, kann aber auch mariniert oder fritiert werden. Die sogenannten Lotusnüsse dienen als Suppeneinlage und werden kandiert als Glücksbringer verschenkt. Und in Lotusblätter schlägt man gerne ein beliebtes Dim-Sum-Gericht – den gedämpften Reis mit Schweinefleisch – ein, der durch diese mit Bast umwickelte Hülle ein geradezu überwältigendes Aroma bekommt.

Jiaozi, Teigklöße mit Füllung
aus Blattgemüse und
Schweinefleisch

Suppen aus dem Stand

Obwohl es für Europäer nicht ganz leicht zu verstehen ist, daß
man Suppen auch als Snacks im Stehen zu sich nimmt, ist die
fernöstliche Imbiß-Kultur nicht zuletzt eine Suppenkultur. Aus
einer Dim-Sum-Menüfolge ist die Suppe ebensowenig wegzudenken wie aus dem Garküchenalltag. Zumeist handelt es sich
um einfache, mit Sojasauce abgeschmeckte Hühnerbrühen, in
denen einige Maultaschen (*Wan Tan*) mit Shrimps-, Hühner-
oder Schweinefleischfüllung sowie Spinatblätter und knackig ge-
kochtes Gemüse herumschwimmen. Da in China Schlürfen und
Schmatzen ausdrücklich erlaubt ist, bereitet das gelernten
Abendländern kompliziert scheinende Handling den chinesischen Suppen-Freaks keinerlei Schwierigkeiten. Sie führen einfach die Schale bis knapp an den Mund, fummeln die Ingredienzien mit Stäbchen oder Porzellanlöffeln heraus und halten sich
im übrigen an das, was Baron Rothschild einmal über Bor-
deauxweine sagte: »Schlabber, schlabber – und runter mit dem
Zeug.«

Zubereitung der beliebten
Dim-Sums in einer Shanghaier
Garküche

91

Wan-Tan-Suppe (Won-Ton-Suppe)

Für 4 Personen

25 fertige Wan-Tan-Teig-
  hüllen, tiefgefroren
100 g Pak-Choi (China-
  kohl), in Streifen
  geschnitten
1 1/2 l Hühnerbouillon
1 EL Erdnußöl
Eiweiß oder Wasser
Sojasauce

Für die Füllung:

1–3 EL Reismehl
100 g Shrimps, gesäubert
  und fein gehackt
100 g Hühnerfilet, fein
  gehackt
2–3 Frühlingszwiebeln, in
  Streifen geschnitten
2 Knoblauchzehen, fein
  gehackt
1 El helle Sojasauce
1 TL Austernsauce
1 TL Salz
1 TL gemahlener weißer
  Pfeffer
1 TL Zucker
1 Ei

Die Zutaten für die Füllung in eine große Schüssel geben und unter Rühren gut vermengen. Das Ei zum Schluß unterrühren. Jeweils 1 gehäuften Teelöffel der Füllung auf die nicht bemehlte Seite der Wan-Tan-Hülle geben.

Die Ränder der Hüllen mit Eiweiß oder Wasser befeuchten und die Hülle zu einem Dreieck falten. Die gegenüberliegenden Ecken des Dreiecks ebenfalls befeuchten, über der Füllung zusammenfalten und fest aneinander drücken, so daß eine wie ein Hörnchen aussehende Teigtasche entsteht. Die Wan Tans auf einer bemehlten Arbeitsplatte bereitstellen.

Den Pak-Choi 2 Minuten blanchieren.

Die Hühnerbouillon zum Kochen bringen und die Wan Tans darin 5–7 Minuten kochen (bis die Füllung sichtbar wird). Zum Schluß den Pak-Choi in die Bouillon geben und die Suppe mit Sojasauce abschmecken.

Chinakohlsuppe mit Glasnudeln

Für 4 Personen

250 g Chinakohl
1 Stange Lauch
1 Dose Bambusschößlinge
4 eingeweichte Wolken-
  ohrpilze
1¹/₁₆ l Hühnerbrühe
100 g Glasnudeln
1 EL Sojasauce
4 Kopfsalatblätter

Die Gemüse und die eingeweichten Pilze in Streifen schneiden.

Die Glasnudeln in ungesalzenem Wasser zum Kochen bringen und abseihen.

Die Hühnerbrühe aufkochen lassen und Gemüse, Pilze sowie Nudeln hineingeben. Kurz aufkochen lassen und mit Sojasauce abschmecken.

In jede Suppenschüssel ein Salatblatt legen und die Suppe darübergießen.

Daß ein typisches Food-Stall- und 10 Yuan, also von etwa macht dieses Vergnügen

Siamesische Zitronengrassuppe

Die Garnelen von Köpfen, Schalen und Innereien befreien. Innereien wegwerfen, Köpfe und Schalen gut waschen und gründlich trockentupfen. Die Schalen kleinhacken.

Das Öl in einem Suppentopf erhitzen und die Köpfe mitsamt den Schalen scharf anbraten, bis sie eine rötliche Farbe annehmen. Alles mit Wasser aufgießen, salzen sowie Zitronengras, Zitronenblätter und die ganzen Chilischoten hinzufügen. Den so entstandenen Sud etwa 30 Minuten lang bei mittlerer Hitze zugedeckt köcheln lassen, dann alle festen Stoffe durch ein Sieb abseihen und den verbleibenden Sud erneut aufkochen lassen. Die Hitze stark reduzieren und die Garnelenschwänze im Sud etwa 3 Minuten ziehen lassen.

Die Suppe mit thailändischer Fischsauce und Zitronensaft abschmecken, eventuell nachsalzen und mit den Garnelenschwänzen, dem frischen Koriandergrün, den Frühlingszwiebeln sowie den Chiliringen heiß in der Schale servieren.

Für 4 Personen

800 g rohe Garnelen mit Köpfen
1 EL Erdnußöl
2 l Wasser
1 TL Salz
2 Stengel Zitronengras (ersatzweise 4 Streifen geschälte Zitronenzeste)
4 Zitronenblätter
3 Chilischoten
1 EL Nam Pla (thailändische Fischsauce)
2–3 EL Limettensaft (ersatzweise Zitronensaft)

Für die Garnitur:

1 Chilischote, in schmale Ringe geschnitten
2 EL Koriandergrün, sehr fein gehackt
2 Frühlingszwiebeln, stiftelig geschnitten

Essen in China zwischen 50 Fen 30 Pfennig bis 3 Mark kostet, nur doppelt schön.

Reissuppe mit Muscheln

Für 4 Personen

2–3 Tintenfische
500 g frische Miesmu-
    scheln in der Schale
1 kleine Möhre, in feine
    Scheiben geschnitten
4 Frühlingszwiebeln
4 Zwiebeln, fein gehackt
1 EL Koriander oder Basi-
    likum, gezupft
3 EL Sonnenblumenöl
2 EL Fischsauce
1 l Fischbouillon
1 TL Knoblauchöl
1 TL Chiliöl
200 g Reis

Den Reis nach Anweisung auf der Verpackung kochen.

Den Tintenfisch waschen, säubern und in Ringe schneiden. Die Muscheln waschen und bürsten. Geöffnete Muscheln aussortieren.

Den Wok 30 Sekunden erhitzen und das Sonnenblumenöl vom Rand her eingießen.

Die Frühlingszwiebeln, Zwiebeln und Möhre kurz pfannenrühren. Den Tintenfisch hinzugeben und 1 Minute mitbraten, mit der Fischbouillon auffüllen. Die Muscheln dazugeben und 20 Minuten köcheln lassen. Mit Fischsauce, Knoblauchöl und Chiliöl abschmecken.

Den gekochten Reis in die fertige Suppe geben und mit Koriander oder Basilikum bestreuen.

Reissuppe mit Huhn und Garnelen

Für 4 Personen

100 g Reis
1¼ l Hühnerbouillon
150 g Hühnerfilet, in feine
  Stücke geschnitten
125–150 g Garnelen
1 große Zwiebel, in Ringe
  geschnitten
3 Frühlingszwiebeln, in
  Julienne geschnitten
1 Ingwerwurzel, fein
  gehackt
4 EL Sonnenblumenöl
2–3 EL Fischsauce
Salz, Pfeffer, frisch
  gemahlen
1 TL Chilisauce
4 Eier

Den Reis nach Anleitung auf der Verpackung kochen.

Den Wok 30 Sekunden erhitzen und das Sonnenblumenöl vom Rand her eingießen.

Die Zwiebel, die Frühlingszwiebeln und den Ingwer kurz darin wenden. Das Hühnerfilet etwa 4 Minuten pfannenrühren.

Nach und nach die Bouillon hinzugießen, bis alle Zutaten bedeckt sind. Die Garnelen dazugeben und 2 Minuten kochen lassen. Alles mit der Fischsauce, Salz, Pfeffer und Chilisauce abschmecken.

Den gekochten Reis unterrühren. Dann vorsichtig die Eier in die fertige Suppe geben und servieren.

Peking-Ente
nach Garküchen-Art

Für 4 Personen

4 Entenbrüste
2 EL Honig
1 EL helle Sojasauce
1 EL Shaohsing (ersatz-
    weise Sherry oder
    Campari)
Salz
1 l Erdnußöl zum
    Fritieren
8 Frühlingszwiebeln
1 kleine Salatgurke
1 Flasche Hoisin-Sauce

Für die Mandarin-
Pfannkuchen:

200 g Vollkorn- oder
    Buchweizenmehl
$^1/_2$ l kochendes Wasser
1 Ei
etwas Salz
Sesamöl zum Bestreichen

Eine Peking-Ente auch nur einigermaßen vorschriftsmäßig zuzubereiten, ist eine mehrtägige und äußerst mühsame Prozedur, die überdies ein Höchstmaß an handwerklicher Geschicklichkeit erfordert. Das folgende, aus einer Garküche in Peking abgeschaute Rezept läßt sich jedoch auch in jedem Haushalt problemlos nachkochen.

Die Entenbrüste an der Hautseite sorgfältig massieren, damit zwischen der Haut und dem Fleisch ein kleiner Hohlraum entsteht. Man kann dabei auch durch Untergreifen mit einem scharfen Filetiermesser nachhelfen, muß dabei jedoch darauf achten, daß sich die Haut nicht vollständig vom Fleisch löst. Dann die Entenbrust leicht salzen, die Hautseite mit einer Mischung aus Wasser und Honig einreiben und mehrere Stunden beiseite stellen, bis der Honig eingetrocknet ist. (Man kann diesen Vorgang auch unter Zuhilfenahme eines Haarföns beschleunigen.)

Dann werden die Entenbrüste mit der Hautseite nach unten in heißes Fritieröl gelegt und darin unter mehrmaligem Wenden ausgebacken, bis die Haut knusprig und das Fleisch durchgebraten, aber noch saftig ist.

Vorsicht: Die zunächst starke Hitze sollte nach etwa 30 Sekunden reduziert werden, da die Honighaut sonst leicht schwarz wird.

Die Entenbrüste danach aus dem Öl nehmen und die knusprige Haut mit Hilfe eines scharfen Messers ablösen und in kleine Stücke schneiden. Die Entenbrust ebenfalls in schmale Tranchen schneiden. Die Haut- und eventuell auch die Fleischstücke vor dem Servieren noch einmal kurz anfritieren.

Für die Mandarin-Pfannkuchen oder Lotusblätter (*Bo ping*) Mehl, Wasser und Ei zu einem glatten Teig verkneten und daraus eine längliche Rolle von etwa 1 Zentimeter Durchmesser formen, in 20 Stücke zu etwa 2 Zentimeter Länge schneiden (Messer dazwischen immer in Wasser tunken) und zu runden Teigfladen von etwa 10 Zentimeter Durchmesser ausrollen. Jeden dieser Fladen mit Sesamöl bestreichen und jeweils zwei Fladen mit der eingeölten Seite aufeinanderlegen. Danach noch einmal zu noch etwas größeren Fladen ausrollen.

Die Pfannkuchen schnell und unter ständiger Bewegung in heißem Fett auf beiden Seiten ausbacken, bis sie Blasen werfen und dann voneinander trennen. Dann, am besten mit einem heißen Tuch abgedeckt, in einem Bambuskörbchen servieren, damit die Pfannkuchen warm bleiben.

Die knusprigen Hautstücke und das Brustfleisch gemeinsam mit den in kleine Stifte von etwa 6 Zentimeter Länge geschnittenen Gurken und Frühlingszwiebeln, Hoisin-Sauce und Mandarin-Pfannkuchen servieren. Den Mandarin-Pfannkuchen mit jeweils 1 Teelöffel Hoisin-Sauce bestreichen, Frühlingszwiebeln und Entenfleisch darauflegen und eine Rolle daraus wickeln, die mit den Händen gegessen werden darf.

Ein Tip: Wer die Herstellung von Mandarin-Pfannkuchen zu mühsam findet, kann mit gewöhnlichem Pfannkuchenteig (für etwa 20 Stück: 120 Gramm glattes Mehl, 5 Eier, $^1/_2$ l Milch, etwas Salz sowie Fett zum Backen) ebenfalls durchaus erfreuliche, wenngleich weniger authentische Resultate erzielen.

Und was man dazu trinkt

Der klassische Begleiter jedes fernöstlichen Essens ist Tee, den es in ungezählten Sorten gibt. Die wichtigsten davon sind der nicht fermentierte grüne Tee (*Lücha*), der am ehesten unserem schwarzen Tee entsprechende rote Tee (*Hongcha*), der *Wulong*-Tee mit seinem charakteristischen Räucheraroma sowie *Huacha*, der aromatisierte Blütentee.

Neben Tee wird in China auch gerne *Jiu* getrunken, ein Ausdruck, der nicht nur Wein, sondern eigentlich jedes alkoholische Getränk vom gesüßten Chrysanthemenwein über den Reiswein bis hin zum Hirseschnaps umfaßt. Auch Traubenwein hat, was in Europa kaum bekannt ist, in China eine bis ins 7. Jahrhundert zurückreichende Tradition.

Chinas Schnäpse sind für europäische Gaumen zunächst gewöhnungsbedürftig, ziehen einen aber dann doch in ihren Bann. Berühmte Schnäpse mit 55 und oft auch noch mehr Volumprozent Alkohol sind der *Maotaijiu* aus der Ortschaft Maotai, der *Fenjiu* aus Shanxi und der *Wuliangye*, zu deutsch Fünfkornsaft.

Ente mit chinesischen Pilzen und Pflaumensauce

Für 4 Personen

500 g Entenfilet
8 g chinesische Pilze,
  getrocknet
1 Möhre
100 g Bambussprossen
1 EL Sojasauce
2 EL Reiswein
6 EL Pflaumensauce
1 EL Honig
Salz, schwarzer Pfeffer,
  frisch gemahlen
½ TL Fünf-Gewürze-
  Pulver
4–5 Frühlingszwiebeln
3 dünne Lauchstengel
1 frische Ingwerwurzel
4–5 EL Sonnenblumenöl
4–6 Blätter Chinakohl
  oder Eisbergsalat
2 Tomaten

Die Entenfilets unter kaltem Wasser abspülen und trockentupfen. Die Filets in dünne Scheiben quer zur Muskelfaser schneiden.

Die getrockneten Pilze 1 Stunde in heißem Wasser quellen lassen. Danach in Scheiben schneiden und 100 Milliliter des Pilzwassers aufbewahren.

Die Möhre putzen und der Länge nach durchschneiden und in feine Scheiben schneiden.

Den Bambus über einem Sieb abtropfen lassen und in dünne Scheiben schneiden.

In einer kleinen Schale die Sojasauce, den Reiswein, die Pflaumensauce und den Honig gut durchmischen, bis eine glatte Sauce entsteht. Salz, Pfeffer und das Fünf-Gewürze-Pulver hinzufügen und alles gut durchrühren.

Frühlingszwiebeln und Lauch waschen und in Scheiben schneiden.

Die Ingwerwurzel schälen und fein hacken.

Den Wok für 30 Sekunden erhitzen und das Sonnenblumenöl vom Rand her hineingießen.

Das Entenfleisch 1 Minute im heißen Wok braten, dann das Gemüse hinzufügen und alles nochmals zusammen pfannenrühren. Das Sojagemisch, das Pilzwasser, die chinesischen Pilze und den Bambus hinzufügen und alles unter schnellem Rühren nochmals 4 Minuten anbraten.

Das fertige Gericht mit den Salatblättern und den in Scheiben geschnittenen Tomaten garnieren.

Acht Schätze

Die Zahl Acht ist den Chinesen heilig und steht daher auch für ein berühmtes Gericht Pate, genauer gesagt: für viele berühmte Gerichte. Denn die Acht Schätze (*Babao*), die man hierzulande beim Billig-Chinesen ums Eck erhält, sind nur eine ferne Reminiszenz an den kulinarischen Hofstaat von »acht Kostbarkeiten«, mit denen man in China die Hauptdarsteller der Tafel – zum Beispiel eine Ente oder auch einen Pudding – umgibt. Kurzum: Es kommt nicht darauf an, um welche Schätze es sich dabei handelt, sondern daß es ihrer acht sind. Bei einer Acht-Schätze-Ente (*Babao ya*) können dies beispielsweise Schinken, getrocknete Shrimps, Gerste, Zwiebeln, Pilze, Lotusnüsse, Bambussprossen und Mandeln sein. Bei einem Acht-Schätze-Reispudding (*Babao mi*) kann es sich indessen um völlig andere Ingredienzien, etwa Datteln, Rosinen, Dörrpflaumen, Ingwer, kandierte Früchte, Kastanien, Lotuskerne und Gingkonüsse handeln.

**Wohlauf zum Tanz,
die Sonne sinkt!
Wer nicht in jungen Jahren
die Freude bis zur Neige trinkt,
vergebens einst die Hände ringt
mit seidenweißen Haaren.**

LI BAI (701–762)

Glossar

Abalone: Auch Meerohr genannte Tiefseeschnecke, in Europa fast nur als Dosenware erhältlich.

Austernsauce: Dickflüssige Würzsauce aus Austernextrakt.

Bambussprossen: (auch Bambusschößlinge): Die kegelförmigen Sprossen verschiedener Bambus-Arten werden bis zu 25 Zentimeter lang und bilden, fein geschnitten und gekocht, eine beliebte Gemüsezutat. In Europa fast ausschließlich als Dosenware erhältlich.

Bärentatzen: Gelten in China als Delikatesse und sind nur in getrocknetem Zustand erhältlich.

Chiliöl: Beliebte Würzzutat aus getrockneten Chilis und Erdnußöl.

Chinesische Pilze: Meist sind unter dieser Angabe Mook-Jee-Pilze (Baumpilze) gemeint, die getrocknet erhältlich und unbegrenzt haltbar sind.

Cumin: Kreuzkümmelsamen.

Dim Sum: Kleine Köstlichkeiten aus der kantonesischen Küche.

Erdnußöl: Wird wegen seiner hohen Hitzebeständigkeit in den meisten fernöstlichen Küchen als Allzwecköl verwendet.

Frühlingsrollenhüllen: Sind als tiefgekühltes Fertigprodukt im Fernostfachhandel erhältlich.

Fünf-Gewürze-Pulver: Chinesische Standard-Gewürzmischung, wird üblicherweise aus Sternanis, Kassiarinde, Sichuan-Pfeffer, Fenchelsamen und Nelken zusammengestellt.

Gingkonüsse: Die Kerne der pflaumenähnlichen Frucht des asiatischen Gingkobaums werden geröstet und auch als Würzzutat verwendet.

Glasnudeln: Auch Cellophannudeln genannte, hauchdünne, durchsichtige Nudeln aus der Stärke grüner Mungbohnen.

Glutamat: Der auf englisch MSG (Monosodium glutamate) abgekürzte Geschmacksverstärker wird in der fernöstlichen Küche ähnlich wie die gekörnte Brühe in der europäischen verwendet.

Gluten: Klebereiweiß, das in Asien vor allem als Grundstoff für besonders stärkehaltige Mehle dient.

Haifischflossen:	Sie werden, ebenso wie die noch selteneren und kostbareren Haifischlippen in getrocknetem Zustand aufbewahrt und dann für die Weiterverwendung (vor allem in Suppen) geweicht. Achtung: Eine helle Farbe ist ein Qualitätsmerkmal.
Hoisin-Sauce:	Zähflüssige, süßliche Würzsauce aus Sojabohnen, Knoblauch und diversen Gewürzen. Häufige Begleiterin der Peking-Ente.
Ingwer:	Intensiv duftende Wurzel, die sich meist in mehrere Knollen mit seidig-weicher Oberfläche aufgliedert. Die Knollen sind leicht abzubrechen, und das Wurzelfleisch läßt sich nach Entfernung der seidigen Haut auslösen und in Scheiben schneiden oder hacken.
Koriandergrün:	Das auch Cilantro oder chinesische Petersilie genannte Gewürz ist aufgrund seines einzigartigen Aromas, das sich am besten beim Reiben frischer Blätter zwischen zwei Fingern entfaltet, eines der beliebtesten Kräuter der fernöstlichen Küche.
Kurkuma:	Pulverisierte Gelbwurzel.
Lotusblatt:	Wird getrocknet verkauft und, mit Bast abgebunden, gerne zum Einwickeln von gedämpftem Reis mit Schweinefleisch und ähnlichen Gerichten verwendet.
Lotussamen:	Die auch Lotusnüsse genannten, erdnußgroßen Samen stammen aus den Schoten des Riesenlotus und werden vor allem kandiert als Süßspeise, aber auch in Suppen verwendet.
Lotuswurzeln:	In Europa meist nur als Dosenware erhältliche Gemüsezutat.
Mie-Nudeln:	Chinesische Eierteignudeln, manchmal auch aromatisiert.
Mu-err-Pilze:	Getrocknete, würzige Pilze, die auch als »chinesische Morcheln« bekannt sind.
Nam pla:	Auch Nuoc mam genannte, intensiv riechende Würzsauce aus getrocknetem Fisch. In gutsortierten Asien-Shops erhältlich.
Pflaumensauce:	Süßliche Würzsauce für Fleisch- und Fischgerichte, die durch Hinzufügung von etwas Chili auch eine scharf-pikante Note aufweist.
Reiswein:	Siehe Shaohsing-Wein.

Rote Bohnenpaste: Aus roten Bohnen unter hoher Zuckerbeimengung hergestellte Füllung für Dampfbrötchen u.ä.

Schwalbennest: Siehe Vogelnest.

Schwarze Bohnen: Beliebte und äußerst aromatische Zutat, die stark gesalzen in Gläsern abgefüllt wird und vor der Weiterverarbeitung gewaschen und püriert werden muß.

Seegurke: Auch Seewalze genanntes Meerestier von länglicher Form, das zu sogenanntem Trepang sonnengetrocknet wird und 24 Stunden geweicht werden muß, um kochfertig zu sein.

Sesamöl: Aromatisches Würzöl, nicht zum Braten geeignet.

Shaohsing: Gelber Reiswein, der, wenngleich mit etwas verändertem Geschmacksresultat, durch Sherry oder Vermouth ersetzt werden kann.

Sichuan-Pfeffer: Mit dem Pfeffer botanisch nicht verwandtes, aber ähnlich scharfes Gewürz aus dem rotbraunen Samen des Gelbholzbaums, der in der Provinz Sichuan gedeiht.

Sojasauce: Die fernöstliche Allzweck-Würzsauce ist in vielerlei geschmacklichen und farblichen Schattierungen erhältlich.

Tamarindenmark: In kleinen Platten hergestelltes Würzmittel, das mit und ohne Samen erhältlich ist. Ohne Samen läßt es sich jedoch leichter verarbeiten, indem man es in etwas Wasser auflöst, das Wasser abseiht und die so entstandene, ziemlich saure Lösung zum Würzen verwendet.

Taro: Kartoffelähnliches, stärkehaltiges Wurzelgemüse von süßem Wohlgeschmack.

Tofu: Stark eiweißhaltiger Quark aus Sojabohnen. Wird als Tofu pok auch geräuchert angeboten.

Vogelnest: Das Nest der Salangan-Schwalbe besteht nur aus dem hartgewordenen Speichel des Tiers, der sich gut als Bindemittel eignet und daher vor allem in süßen und sauren Suppen aufgelöst wird. In der chinesischen Medizin gelten Schwalbennester als besonders gesund.

Wasserkastanien: Bißfestes, wäßriges Gemüse aus den Stengelknollen des Wassergrases von nussigem Geschmack und kastanienartiger Form. Wird überwiegend in Gläsern mit Schraubverschluß angeboten. Lagert man sie nach dem Öffnen nämlich länger, muß das Wasser wöchentlich bis zweiwöchentlich gewechselt werden.

Wolkenohrpilze:	Auch Judasohren oder Geleepilze genannte Trockenpilze, die nach etwa zehn- bis fünfzehnminütigem Weichen in lauwarmem Wasser wie Quellwolken aufgehen und in dem Gericht, dem sie als Würze dienen sollen, nur noch ein bis zwei Minuten mitgekocht werden müssen.
Wan-Tan-Hüllen:	Quadrate aus frisch zubereitetem Nudelteig empfehlen sich für die häusliche Küche als bequemes Convenience-Produkt, das im Fernostladen erhältlich ist.
Zitronenblätter:	Das beliebte thailändische Gewürz ist vor allem in Thai-Märkten erhältlich und kann allenfalls auch durch einen Schuß Limettensaft ersetzt werden.
Zitronengras:	Grasartiges Gewürz mit frischem Zitrusaroma, das vor allem in der siamesischen Küche heimisch ist, aber auch in anderen fernöstlichen Garküchen Verwendung findet. Wird auch pulverisiert angeboten.

Die Kochbuchreihe
auf einen Blick

Es ist eine wahre Lust, mit den Fingern zu essen, und immer mehr Menschen kommen auf den Geschmack von Fingerfood. Alfons Schuhbeck macht sich für diesen Trend stark und demonstriert überzeugend, daß es nicht gegen die guten Sitten verstößt, auf Messer und Gabel zu verzichten – purer Genuß von der Hand in den Mund.

Die neue Einfachheit ist sinnlich und wird fotogafisch meisterlich in Szene gesetzt von Francis Ray Hoff.

ISBN 3-89836-270-1

Fisch kann auf die vielfältigsten Arten zubereitet werden: Ob als Suppe, als Pie, Terrine, Pastete oder Ragout, ob gedünstet, mariniert, gebraten oder geräuchert – für jeden Geschmack ist etwas dabei.

Francis Ray Hoff gibt mit seinen Rezepten Anregungen, auch seltene Fischarten wie Schleie oder Rutte zuzubereiten. Er kreiert alle Gerichte selbst oder empfindet sie Klassikern nach. Dabei fotografiert er alles direkt von der Herdplatte weg.

ISBN 3-89836-273-6

Essen bedeutet im Fernen Osten buchstäblich Fast Food, die schnelle Zwischenmahlzeit, die aus kleinen Häppchen besteht.

Diese Dim Sum werden in meisterlicher Weise in den Garküchen zubereitet. Sie sind das Werk von flinken geschickten Fingern, Symbol von Unternehmergeist und Mobilität.

Diese üppig bebilderte Sammlung von Originalrezepten aus den Garküchen im Fernen Osten öffnet neue kulinarische Horizonte für den eigenen Herd.

ISBN 3-89836-271-X

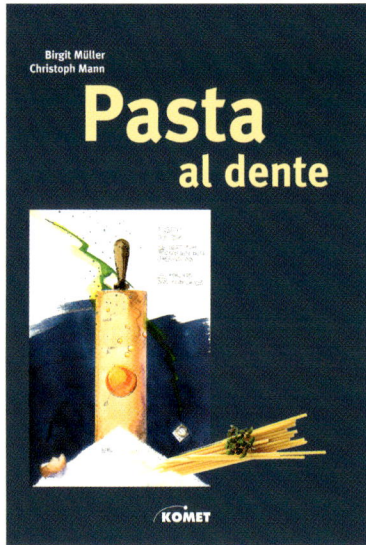

Pasta, Pasta, Pasta – das ultimative Buch für Nudelliebhaber mit einer originellen Auswahl an Rezepten aus den verschiedenen Regionen Italiens, von der „pasta ciucca" bis zu den feinsten Ravioli und den köstlichsten Tortellini.

Historische Fotos garantieren einen stimmungsvollen und authentischen Einblick in die Kulturgeschichte der Pasta, und die Aquarelle von Christoph M. Mann machen dieses Buch zu einem wahren Augenschmaus.

ISBN 3-89836-275-2

In diesem opulenten Bildband verrät der Padrone der legendären „Osteria Le Logge" in Siena, Gianni Brunelli, seine besten Rezepte der toskanischen Küche. Die kulinarischen Aquarelle von Christoph M. Mann wecken die Lust, die Gerichte nachzukochen, denen die toskanische Küche ihren Ruhm verdankt. Werfen Sie mit uns einen Blick hinter die Kulissen des großen Küchenmeisters Gianni Brunelli!

ISBN 3-89836-277-9

„Nur wer gerne gut ißt, kann auch gut kochen." Davon ist der international gefeierte Spitzenkoch Otto Koch überzeugt.

Zum ersten Mal gibt er in diesem Buch einen umfassenden Einblick in die Geheimnisse seiner verfeinerten bayerischen Küche. Er zeigt, zu welchem Gaumenschmaus regionale Kost werden kann, und wird nicht müde, aus traditionellen Gerichten und Zutaten immer wieder Neues zu schaffen.

ISBN 3-89836-297-3

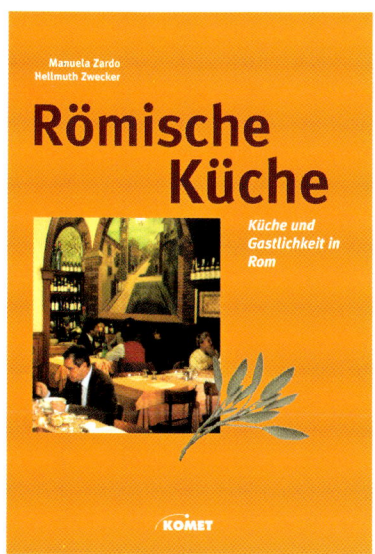

„Salons für die, die keinen haben" pflegt man die urigen Osterie Romane zu nennen. In diesen traditionellen Wirtshäusern haben römische Küche und Gastlichkeit überlebt. Manuela Zardo und Hellmuth Zwecker stöberten die schönsten und originellsten Osterie auf. Gewürzt mit köstlichen Anekdoten zeichnen sie zahlreiche Rezepte römischer Kochkunst zum Nachkochen auf. Stimmungsvolle Fotos runden den kulinarischen Spaziergang durch die Weltstadt Rom ab.

ISBN 3-89836-281-7

Schon im antiken Rom wurden Höchstpreise für sizilianische Köche geboten, und noch heute gehört die traditionsreiche Küche der Sonneninsel zu den unverwechselbaren Höhepunkten kulinarischer Erlebnisreisen.

In diesem opulenten Bildband laden 16 bodenständige Trattorie und Ristoranti zu Spezialitäten und typischen Regionalgerichten ein, und natürlich darf auch ein Rundgang durch die Weingüter nicht fehlen, die den berühmten Marsala hervorbringen.

ISBN 3-89836-298-1